MW01592448

Libro del maestro
septiembre-octubre-noviembre, 2017 • Año 32, No. 1

Equipo editorial y de diseño
Carmen Gaud, Editora
Pablo Garzón, Editor de producción
Ken Strickland, Diseñador

Equipo administrativo
Neil M. Alexander, Publicador de la Iglesia Metodista Unida
Marjorie M. Pon, Gerente editorial de recursos educativos de la iglesia

LECCIONES CRISTIANAS, LIBRO DEL MAESTRO (ISSN 0889-4051): Es un recurso oficial para la Iglesia Unida, aprobado por la Junta General de Discipulado y publicado trimestralmente por Cokesbury, The United Methodist Publishing House, 2222 Rosa L. Parks Blvd. P.O. Box 280988, Nashville, Tennessee 37228-0988. Derechos de autor © 2017 por Cokesbury. Si cambia de dirección, por favor escriba a LECCIONES CRISTIANAS, 2222 Rosa L. Parks Blvd. P.O. Box 280988, Nashville, Tennessee 37228-0988.
    Para pedir ejemplares de esta publicación, llame gratis al **1-800-294-8674**. También puede enviar su pedido por FAX al **1-800-445-8189**. Si tiene problemas de audición, llame al Servicio de Telecomunicaciones al **1-800-227-4091**. Después de horas de oficina, puede dejar su pedido en nuestro servicio automático, o visitar la página www.cokesbury.com/español. Utilice su número de cuenta con Cokesbury, American Express, Visa, Discover o MasterCard.
    Para obtener permiso para reproducir cualquier parte del material en esta publicación, llame al **1-615-749-6421**, o escriba a Permissions Office, 2222 Rosa L. Parks Blvd., P.O. Box 280988, Nashville, Tennessee 37228-0988.
    Se usa la Santa Biblia, Reina-Valera, Revisión de 1995, derechos de autor © 1995 por Sociedades Bíblicas Unidas.
    Las lecciones se basan en las Lecciones Dominicales para la Enseñanza Cristiana, derechos de autor © 2010 por Committee on the Uniform Series.

LECCIONES CRISTIANAS, LIBRO DEL MAESTRO está dirigido a los maestros y las maestras de las Lecciones bíblicas Internacionales. Contiene planes detallados para cada lección y artículos de fondo para ayudarle a enseñar la clase.

La portada

Los montes Ararat por entre las columnas de la fortaleza Ushi

Las montañas forman parte importante en los relatos bíblicos, especialmente en los momentos en los cuales Dios hace pactos con su pueblo. Génesis 8:4 narra que cuando las aguas se retiraron después del diluvio, el arca de Noé reposó sobre los montes Ararat. En los versículos siguientes, leemos el pacto que Dios hizo con Noé. Los eruditos están de acuerdo en que los montes Ararat no se refieren específicamente a los montes conocidos como Ararat. Nadie sabe exactamente dónde reposó el arca. Hoy al referirnos a los montes de Ararat, hablamos de un área volcánica que incluye Ararat el grande y el Ararat el pequeño, localizados en Turquía muy cerca de las fronteras con Armenia, Azerbaiyán e Irán. La fortaleza de Ushi, en el noroeste de Armenia, es un punto de referencia importante por encontrarse cerca del Monasterio de San Sarkis, construido entre los siglos VII y XIII de la era cristiana.

Foto en la portada: Shutterstock

Índice

¿**C**ree que Dios existe? ¿Piensa que el Dios de la Biblia desea comunicarse con su pueblo? Todos los seres humanos nos preguntamos esto en algún momento. A través del término "pacto" la Biblia afirma que Dios desea relacionarse con toda su creación, tanto con las personas como con las comunidades.

Esa relación implica fe y compromiso. Necesitamos creer en Dios, en su amor y en su deseo de bendecirnos (Hebreos 11:6). Aparte de la fe, necesitamos considerar las expectativas que Dios tiene sobre las personas que desean vivir el pacto fielmente.

Cualquier compromiso tiene diferentes niveles. Alguien, en broma, me decía recientemente que si le hubieran dicho al principio todo lo que conllevaba el matrimonio, tal vez no se hubiera casado. Al comenzar cualquier relación es difícil calcular las crisis, los conflictos y los altibajos por delante. El amor de Dios se une a nuestra fe y nuestra perseverancia para crear una vida cristiana madura, camino a la plenitud.

El amor y la gracia de Dios nos conducen a la plenitud. La fe y el compromiso definen nuestra parte del pacto. Guiados por las lecciones del Dr. Ediberto López Rodríguez, consideremos cómo vivimos nuestra vida cristiana.

¿Ha hecho usted un pacto con Dios?

¿Está viviéndolo plenamente?

En el amor de Cristo,

Carmen Gaud

Carmen Gaud

Nuestro escritor

El Dr. **Ediberto López Rodríguez** es profesor de Nuevo Testamento y griego del Seminario Evangélico de Puerto Rico. Egresado de la Universidad de Drew, Nueva Jersey, con un doctorado en estudios de Nuevo Testamento, obtuvo una maestría en Sagrada Teología en estudios de Nuevo Testamento de Union Theological Seminary en Nueva York. Es pastor de la Iglesia Metodista a la cual ha servido como líder y docente. Entre sus publicaciones están *Para que comprendiesen las Escrituras*, *¿Cómo se formó la Biblia?*, e *Introducción al griego de la Biblia I y II*, ambos volúmenes publicados por Abingdon Press y disponibles en Cokesbury. Además, escribe para varias revistas y ha sido conferenciante y predicador en Puerto Rico, Estados Unidos y el Caribe. Está casado con Vilma Rodríguez con quien comparte cuatro hijos y dos nietos.

El pacto divino en el imponente arcoíris

Propósito

El propósito de esta lección es aclarar cómo es la relación de Dios con el ser humano y la creación. El relato que estudiamos hoy es el primer pacto que aparece en la tradición bíblica. En el mismo, Dios se muestra como un Dios de gracia de cara a la maldad y fragilidad humana. El ser humano es pecador, por lo que la relación con Dios depende solo de la gracia divina.

Texto bíblico:
Génesis 8:20-22; 9:8-17

Trasfondo bíblico:
Génesis 8:20–9:17

Versículo clave: *Estableceré mi pacto con vosotros, y no volveré a exterminar a todos los seres vivos con aguas de diluvio, ni habrá más diluvio para destruir la tierra.»* **(Génesis 9:11)**

Introduzca la lección

El libro de Génesis nos presenta una imagen de las buenas nuevas en el relato del diluvio universal y el pacto de Dios con la creación, con Noé y con todos sus descendientes. El diluvio que precede a este relato muestra la ira de Dios por la maldad humana. Casi todos los pueblos de la antigüedad escribieron relatos de diluvios que habían sido grandes tragedias cósmicas y humanas. La tradición bíblica nos presenta una mezcla del relato del diluvio por un grupo de escribas que provenían de Judá y otro grupo de escribas que componían el grupo sacerdotal, luego del exilio en Babilonia y a principios del período persa.

El relato del diluvio servía para comprender la ira de Dios luego de la tragedia del año 722 a.C., cuando Asiria destruyó al antiguo Israel; así como la tragedia del 587 a.C., cuando Babilonia destruyó el reino de Judá. Lo vital de nuestro relato es que el fin de la historia primordial (Génesis 1 al 11) no es la ira de Dios, sino su gracia lo que se manifiesta en el pacto. La señal del arcoíris le recuerda a Dios que ni la creación ni el ser humano deben ser destruidos, a pesar de la maldad humana. Dios se compromete a manifestarse como un Dios de gracia, salvación y bendición.

Explique la Escritura

El relato que discutiremos en esta ocasión es la última sección de la historia de Noé y el diluvio universal. Esta historia comenzó en Génesis 6:9 y se extiende hasta nuestro relato. La historia de Noé puede dividirse en tres partes:

(1) Dios salva a Noé y su familia a través del arca.
(2) Dios envía el diluvio de juicio sobre el mundo.
(3) Dios promete que nunca más castigará al mundo con otro diluvio.

Esta tercera parte es la que discutiremos en nuestra lección.

Génesis 8:20-22 es el comienzo del relato final de la historia de Noé. Comienza con una indicación temporal, "luego". Ese *luego* remite al lector al relato previo en que Noé, su familia y toda la creación que había en el arca salieron de la misma. La primera tarea que lleva a cabo Noé es construir un altar y hacer un sacrificio al Señor como respuesta a la salvación que ha recibido junto con la creación y su familia. El relato se escribe dentro del orden de pureza del antiguo Israel. Así, Noé hizo un sacrificio de entre los animales limpios que habían entrado al arca (vea Levítico 11; Deuteronomio 14:4ss). La respuesta divina al sacrificio se presenta en lenguaje humano, "al percibir el Señor el olor grato." Con estas palabras, la audiencia puede comprender que el relato de la ira divina que había comenzado en 6:1ss ha acabado.

El olor grato del sacrificio señala que el mismo es aceptable a Dios. Ante este primer acto humano, la ira de Dios se manifiesta como gracia abundante. El relato del diluvio había comenzado con la percepción divina de la maldad humana (Génesis 6:5). Ahora se presenta el tema de la gracia divina que decide que, a pesar de la maldad humana, no volverá a maldecir la tierra. El olor grato del sacrificio de Noé fue la ocasión para que Dios declarara su benevolencia con la creación. El relato presenta la maldad humana, la misericordia divina en contraste, y una comprensión de la maldad humana: el corazón humano se inclina al mal desde su juventud. No obstante, la gracia de Dios es mayor que la maldad humana.

La gracia de Dios no es meramente un asunto subjetivo o espiritual. Se manifiesta visiblemente en las señales que la creación dará al ser humano. Ésta continuará con sus temporadas de siembra, siega, frío y calor, noche y día. La creación de Génesis 1 continuará siendo un bien divino para el ser humano. Así que la gracia consiste en actos a favor del ser humano que Dios manifiesta en la creación y en la vida.

Génesis 9:1-7 presenta varias imágenes teológicas fundamentales en forma de un discurso divino en que se profundiza el tema de la gracia divina. El discurso divino se presenta como una bendición divina para Noé y sus hijos (la nueva humanidad después del diluvio). La bendición divina se presenta con la orden de multiplicarse que ya habíamos visto en 1:28; 8:17. Ese primer mandamiento bíblico es gracia.

El temor de todo el reino animal al ser humano es la segunda bendición que podría referirse a la protección que tendría la humanidad sobre el reino animal. El ser humano es protegido por Dios por medio del temor que pone en toda la creación de manera que el ser humano no sea víctima de la violencia que pueda entrañar el reino animal hacia éste. Así como en los relatos de la guerra divina en que Dios ponía el temor y terror en los enemigos de Israel (Deuteronomio 11:25); así, el reino animal siente temor ante el ser humano. Esto es una dimensión de la gracia divina que protege al ser humano.

En el v. 3 se permite al ser humano comer la carne de los animales, pero se prohíbe el consumo de la sangre como una señal del profundo respeto a la vida (Levítico 3:17; Hechos 15:29). Como parte de esta bendición de la alimentación humana, bajo el tema de la sangre, se presenta la prohibición de la violencia humana que termina quitando la vida a otro ser humano. El ser humano debe ser tratado con la reverencia que implica que es imagen y semejanza de Dios. Ese ordenamiento de la prioridad de la vida y la prohibición del asesinato, es señal de la gracia y del reino de Dios sobre el mundo.

Génesis 9:8-17 nos presenta el pacto divino con el ser humano y la creación. Es la primera vez que se utiliza el concepto *pacto* en el libro de Génesis. Un pacto es un tratado en que Dios compromete su palabra con el ser humano y la creación. El pacto, en este caso, no depende de que el ser humano sea recíproco con Dios y lleve a cabo algún tipo de acción. En su gracia, Dios establece su pacto de que nunca más volverá a destruir la creación. Este pacto se marca con una señal, el arcoíris celestial con el que el relato aclara que es mucho más que una señal de la naturaleza. Es el signo del pacto en que Dios se compromete con el ser humano y con la creación a manifestarse como un Dios de gracia. El arcoíris es una señal en la creación de la victoria de la gracia sobre la ira de Dios. Cada vez que en los cielos aparezca el arcoíris, Dios recordará (Génesis 8:1) que se comprometió a ser un Dios de gracia con la creación y el ser humano.

Aplique la lección

El 31 de octubre de 2017 celebramos quinientos años del inicio de la Reforma Protestante, una revolución en la comprensión de Dios, el ser humano, la iglesia y la historia de la salvación. Uno de los asuntos medulares de la Reforma Protestante se vivió tanto a nivel de una discusión colectiva, como de una situación personal de Martín Lutero: la angustia sobre la maldad humana y la naturaleza pecaminosa del ser humano. El gran descubrimiento de Lutero en su lectura de la Biblia y en el quehacer teológico del cristianismo fue poder comprender que el ser humano era un pecador fuerte. El ser humano no puede hacer nada que le conceda méritos para su propia salvación. Si el ser humano va a gozar de una relación con Dios y la salvación en todas las dimensiones que ésta se manifiesta, tenía que ser como un acto de gracia y de la palabra del Evangelio. Es Dios quien ha tomado la iniciativa y ha pactado con el ser humano y la creación, para mostrarse como un Dios de gracia, que perdona y muestra su misericordia.

En 1516, Martín Lutero daba una clase sobre la Carta a los Romanos cuando llegó a entender el argumento principal de la Biblia. Si el ser humano tiene algún tipo de justicia ante la cual presentarse ante Dios es como un acto por la fe, que a su vez es un don de Dios. Dios con su palabra le hace una promesa al ser humano pecador, quien se agarra de esa palabra divina, luego que se ha dado cuenta que en sí mismo lo que tiene es un no frente a Dios. Ante la fe en el sacrificio que Noé presentó y que para nosotros los creyentes (mujeres y hombres) se presenta en la cruz, Dios manifiesta su gracia a tropel. En el sacrificio expresado en la cruz, Dios pactó con los seres humanos y con la creación, recibiéndoles con gracia, salvación y misericordia.

El relato que hemos leído presenta la situación de la humanidad ante Dios: la maldad está presente en el corazón del ser humano todo el tiempo. Por lo tanto, para que ese ser humano pueda hallar gracia ante el Señor, es Dios quien tiene que hacer posible la salvación. De ahí que el arcoíris, un fenómeno de la naturaleza, es interpretado como un signo del pacto de Dios con el ser humano y la creación. Nunca más será la ira de Dios la que tendrá la última palabra. Siempre que Dios mire al arcoíris, se acordará del pacto con la creación y el ser humano.

La tradición metodista recuerda que el 28 de mayo de 1738, Juan Wesley fue tocado por la comprensión de la gracia divina. Wesley estaba en un culto de los moravos en la calle Aldersgate en la ciudad de Londres. En aquella iglesia se estaba leyendo el Comentario de Lutero a los Carta a los romanos. Mientras Wesley escuchaba el prefacio de este comentario, comprendió que el mensaje del evangelio es que Dios le había perdonado todos sus pecados. Cuenta Wesley, que esta comprensión la percibió como un extraño fuego en su corazón. Yo creo que todas las tradiciones que provenimos de la tradición wesleyana estamos endeudados con la comprensión de la gracia divina que Lutero ya había percibido en las palabras de la Carta a los romanos. Asimismo, cada vez que miramos el arcoíris, el relato del diluvio nos recuerda que no es a nuestra maldad que Dios mira, sino a su promesa de ser un Dios de gracia y misericordia a pesar de la maldad nuestra.

Haga un resumen de la lección

En esta lección nos hemos acercado a la gracia de Dios a través del relato de los eventos posteriores al diluvio. La gracia de Dios hizo posible que la humanidad representada por Noé fuera salvada; y asimismo la creación. La única respuesta humana posible era la gratitud que se simbolizó en aquel primer altar luego del diluvio. Dios mismo se comprometió en un pacto a manifestarse ante toda su creación como Dios de gracia.

Oración

Dios de gracia, al mirar el arcoíris en el cielo, te acuerdas de que somos polvo. Pero también te acuerdas que has pactado con nosotros y tu creación al revelarte como un Dios salvador. Te damos gracias, y te damos toda la gloria. En el arcoíris y en la cruz del Calvario se revela el pacto: tu misericordia y bondad. ¡Te bendecimos, oh Dios! Amén.

Lecturas bíblicas diarias

4 de septiembre: Sara, madre de muchas naciones. Génesis 17:15-17

5 de septiembre: Ismael, padre de una nación. Génesis 17:20-22

6 de septiembre: Los varones de la casa de Abraham son circuncidados. Génesis 17:23-27

7 de septiembre: Esteban recuerda la circuncisión de la casa de Abraham. Hechos 7:1-8

8 de septiembre: La promesa de Dios se cumple por la fe. Romanos 4:13-25

9 de septiembre: Jesús, mediador de un nuevo pacto. Hebreos 8:1-8

10 de septiembre: El pacto de Dios con Abraham se confirma. Génesis 17:1-14

La señal del pacto

Propósito

El propósito de esta lección es invitarnos a meditar, pensar y resolver nuestra relación con Dios. Dios ha hecho un pacto con nosotros en el que nos ha perdonado nuestros pecados, nos ha hecho pueblo suyo y nos promete el reinado divino en el mundo. La parte nuestra es la obediencia al Señor en nuestra vida diaria. ¿Cumplimos con nuestra parte del pacto?

Texto bíblico:
Génesis 17:1-14

Trasfondo bíblico:
Génesis 17

Versículo clave: *Éste es mi pacto, que guardaréis entre mí y vosotros y tu descendencia después de ti: Todo varón de entre vosotros será circuncidado.* **(Génesis 17:10)**

Introduzca la lección

Le invito a leer Génesis 16 al 18 para que pueda situar el relato en contexto literario. Busque en una concordancia el concepto pacto en Génesis y vea cuántas veces aparece en todo el libro y cuántas veces aparece en Génesis 17. Notará que de las 26 veces que aparece en Génesis, aparece 13 veces en Génesis 17. Así que es una palabra fundamental para comprender el relato.

La acción transformadora se presenta en forma del discurso divino. Aunque parece imposible, el Señor le promete a Abraham que Sara dará a luz un hijo a quien pondrá por nombre Isaac. Con este embarazo, parto y nacimiento de Isaac, el Señor confirmará el pacto hecho con Abraham. Dios acaba de hablar con Abraham y se aleja de éste. La situación final narra la obediencia de Abraham al pacto con Dios. Abraham toma su hijo Ismael y a toda su casa y cumple con el signo del pacto, la circuncisión.

Aplique la lección

En el cristianismo se ha utilizado el relato del pacto con Abram y Saraí desde distintas ópticas. Las cartas de Pablo miran este relato como un problema para la misión cristiana a la que los judeocristianos tratan de imponerle la circuncisión basados en este relato. Así, el bautismo se ha convertido en la imagen de la circuncisión cristiana (Colosenses 2:11). La imagen de cortar el prepucio se convirtió en una metáfora para cortar la maldad humana y vivir en integridad y delante del Señor. San Pablo dice que los creyentes que viven en el Espíritu son la verdadera circuncisión (Filipenses 3:3).

Tener un pacto o convenio con lo sagrado implica unas promesas de Dios, pero también implica unos signos y una conducta personal.

- ¿Vivimos en relación de pacto con el Señor?
- ¿Creemos que Dios ha establecido sus promesas salvíficas para nosotros, su pueblo?
- ¿Con qué celebramos esta relación entre Dios y nosotros?
- ¿Cuáles son los signos de esta relación con Dios?

El relato nos presenta la palabra divina en este encuentro entre Abram y el Señor. El Señor le ordena que ande delante de Dios. ¿Qué significa andar con Dios hoy día? Note que los personajes y relatos bíblicos que presentan personas que andaban con Dios están calcados por una vocación a la integridad, justicia, calidad humana. Andar con Dios es un estilo de vida diario.

Fiodor Dosvtoyeski escribió a finales del siglo 19 varias novelas. En *Los hermanos Karamazov* nos presenta un pastor de la iglesia ortodoxa rusa que tiene un seminarista a su cargo. Nos referimos al Starets (guía espiritual) Zósima y su estudiante Aliosha. Después de morir, Zósima se le aparece a Aliosha en una visión y lo invita a salir del monasterio y volver al mundo. Es allí en que tiene que ser una persona que viva el pacto con Dios. Le ruega Zósima a Aliosha que "sea un santo en el mundo". El relato de la espiritualidad rusa nos invita a meditar en el pacto. Dovstoyeski presenta el dilema de la verdadera espiritualidad, ser un santo en la vida diaria de la familia, la sociedad y el mundo.

- ¿Qué significa ser santos hoy?
- ¿Qué significa ser santos en el mundo?
- ¿Es la santidad una fuga del mundo?
- ¿O la santidad más bien se refiere a una vida con una calidad tal que se convierte en un modelo de añadirle vida a los años?

Nuestra sociedad está asaltada por modelos de la vida difusos. Hay modelos frívolos que nos presenta la deshumanización de la vida humana, pero también hay modelos de valores fundamentales en la vida: la decencia, el respeto a los derechos humanos, la oposición al racismo, un mundo dividido entre los que pueden consumir y los marginados sociales. Hay modelos que luchan contra el discrimen contra personas diferentes, contra la violencia intrafamiliar en lo que debería ser el entorno sagrado de la familia. ¿Cómo sería la vida nuestra si estos lugares fueran aquellos en que el pacto con Dios nos invita a vivir delante del Señor y ser íntegros, justos, perfectos éticamente?

En mi primera experiencia pastoral había un hombre deshumanizado que le había tocado pagar con sus huesos en la cárcel. La peor cárcel que el hombre sufrió era su sentimiento de culpa. Cuando salió de la cárcel, se convirtió en un alcohólico, harapiento y marginado social. Vivía solo en un área de mucha pobreza. No obstante, algo de la imagen de Dios en este hombre lo traía al servicio de la palabra y la adoración dominical. Venía ebrio al culto. Se sentaba en el último asiento en el santuario. Pero la presencia de lo sagrado caló poco a poco en aquel hombre hasta que hizo un pacto público con Dios.

El que antes era alcohólico, se convirtió en un hombre sobrio. El que antes no tenía estima propia, se convirtió en un hombre agarrado de las promesas de Dios. El encuentro con lo sagrado fue terapia, sanidad, reconstrucción. Se convirtió en un modelo de obediencia radical. A esta obediencia radical basada en el pacto que Dios inició con Abram, y luego con nosotros en la persona de Jesucristo es que nos llama el relato de Génesis 17. Dios nos promete su presencia y salvación, pero nos exige que caminemos delante de Dios con integridad y justicia. ¿Podemos ratificar nuestro pacto con Dios hoy?

Haga un resumen de la lección

En esta lección hemos reflexionado sobre la historia del pacto entre Dios, Abram y Saraí. Dios se apareció, hizo promesas y estableció un pacto que requería acciones de Abram y Sara. Hoy, Cristo Jesús, en la mesa, en el bautismo y en la vida diaria nos invita a un nuevo pacto. Lo fundamental es que podamos cumplir con nuestra parte, porque es imposible que Dios no cumpla con su parte.

- ¿Estás dispuesta/o a vivir el pacto del bautismo, la santa cena y la santidad personal y social? ¿Cuándo vas a empezar tu parte del pacto? ¿Por qué no ahora?

Oración

Señor, a ti pertenecemos. Empléanos para lo que tú quieras, en el lugar en que tú quieras, sea para cumplir alguna tarea o para sobrellevar algún sufrimiento, para ser utilizados o dejados por ti, sea en abundancia o en necesidad. Libremente y de todo corazón nos sometemos a tu voluntad. Y ahora, al glorioso y bendito Dios, te pertenecemos en amor y en lealtad. Y el pacto que hicimos sobre esta tierra, sea ratificado en el cielo. Amén.

Lecturas bíblicas diarias

11 de septiembre: El mandamiento de guardar el sábado.
Éxodo 20:8-11
12 de septiembre: Recuerdo de la liberación de Dios.
Deuteronomio 5:12-15
13 de septiembre: Una sanidad en sábado. Mateo 12:9-14
14 de septiembre: Enseñanza en sábado. Marcos 6:1-5
15 de septiembre: Adoración en sábado. Hechos 16:11-15
16 de septiembre: Un salmo por el sábado. Salmo 92
17 de septiembre: El sábado, señal del pacto. Éxodo 31:12-18

Unidad 1: Señales del pacto
de Dios

El sábado
como señal

Propósito

El propósito de esta lección es invitarnos a considerar una institución sagrada en el tiempo: el sábado, día de descanso. Vamos a meditar en el sábado en relación al derecho al trabajo. El tiempo sagrado del descanso es una respuesta al tiempo para trabajar. Sólo una sociedad que honra el tiempo con el trabajo puede luego santificar el descanso. El tiempo de descanso en la tradición bíblica nos invita a meditar en la presencia de Dios en la vida, en el ocio creativo, en el tiempo para el amor. Todo esto es posible cuando hay un balance entre el derecho al trabajo y el deber de santificar el descanso.

Texto bíblico:
Éxodo 31:12-18

Trasfondo bíblico:
Génesis 2:1-3; Éxodo 31:12-18; Isaías 56:1-8

Versículo clave: *Tú hablarás a los hijos de Israel y les dirás: "En verdad vosotros guardaréis mis sábados, porque es una señal entre mí y vosotros por vuestras generaciones, para que sepáis que yo soy Jehová que os santifico. Así que guardaréis el sábado, porque santo es para vosotros".* **(Éxodo 31:13b-14a)**

Introduzca la lección

En la lección examinaremos el relato de Éxodo 31, la institución del sábado. Le recomiendo prepararse espiritualmente. Vale la pena que lea el relato varias veces hasta que escuche la palabra de Dios. Lea con cuidado éste y los otros relatos sobre el sábado que damos en la sección Examine la Escritura. Comience su clase con una oración y con una lectura del pasaje.

Escoja algunas de estas preguntas para analizar en la clase:

- ¿De qué trata el relato?
- ¿Quiénes son los personajes, en qué lugar, cuándo se narra, qué viene antes y qué viene después?
- ¿Qué significados tuvo el sábado en la Biblia hebrea?
- ¿Por qué el descanso?
- ¿Cómo se relaciona el relato con Génesis 1:1—2:3a y Éxodo 20:8-11?
- ¿Qué significa que el sábado sea un distintivo de la presencia de lo sagrado?

Permita que la clase dialogue. Haga preguntas en las cuales los participantes puedan contestar qué creen, cómo lo ven y qué entienden. No haga preguntas de sí o no. No tema el debate. No tenemos que estar de acuerdo. Al final, haga un resumen y cierre con una oración.

Examine la Escritura

Para comprender el sábado, tenemos que hacer una breve historia de las instituciones sagradas del tiempo en la tradición bíblica. En el siglo VIII a.C., el descanso sabático se menciona como tiempo sagrado tanto en Israel como en Judá en la tradición profética (Oseas 2:11; Isaías 1:13). La tradición deuteronomista explica la observancia del descanso sabático como resultado del éxodo (Deuteronomio 5:14-15). Fue la experiencia de haber sido esclavos en Egipto lo que compelía a Israel a establecer un orden donde hubiera derecho al descanso. El descanso fue puesto en oposición a la esclavitud.

Éxodo 31:12-18 explica el descanso sabático en relación con la creación (Génesis 2:1-3; Éxodo 20:8-11). La creación es el trabajo de Dios. Dios reposa luego de la creación, por lo cual, el ser humano tiene a Dios como modelo del trabajo y del descanso. Si Dios trabajó y luego descansó, entonces hace falta el derecho al trabajo y el derecho al ocio.

Para comprender las imágenes del sábado hay que localizar el relato en su contexto en el periodo exílico y postexílico. El exilio fue un tiempo trágico y extraordinario para los antiguos israelitas. El exilio fue la derrota política, cultural y la destrucción final de las instituciones del antiguo Israel. La destrucción del reino de Judá por Nabucodonosor, rey de Babilonia, en el 587 a.C. implicó la destrucción de la monarquía, la destrucción del primer templo de Jerusalén y la destrucción de las instituciones que le daban sostén a la vida colectiva, cultural, espiritual y política del reino de Judá. Para la comunidad exílica, además de ser una derrota política y militar, fue una derrota espiritual y cultural.

Lo que pareció una tragedia para el reino de Judá, se ha convertido en una bendición para nosotros (judíos y cristianos), porque fue en el exilio donde comenzó la cristalización de toda esta tradición bíblica que forma lo que conocemos como la Torá (la Ley). Con esta tradición que salvaron los sacerdotes y poetas en Babilonia, pudo sobrevivir parte de la literatura que fundamenta nuestra fe y cultura, incluyendo nuestro pasaje de hoy.

El relato previo (Éxodo 31:1-11) consiste en las instrucciones sobre la construcción del tabernáculo. El relato posterior, Éxodo 32—34, consiste en la caída en la idolatría de la comunidad en el desierto y su restauración. Este relato nos da una explicación sobre por qué la comunidad ha sufrido la tragedia del exilio. En medio de estas dos historias está la legislación sobre el sábado. Después del exilio (539—450 a. C.) se organiza la sociedad judía alrededor del santuario, la pureza, la circuncisión y el sábado. El tiempo sagrado de descanso es una de las instituciones fundamentales que marcará quién es el pueblo de Dios.

El libro de Éxodo ha utilizado la revelación en el Monte Sinaí (Éxodo 19:11ss) para presentar varias tradiciones legales antiguas de Israel. Ahora, se presentará la legislación sobre el sábado. Esta sección del libro de Éxodo ha estado relacionada a las instrucciones sobre el culto de Israel. El sábado es el tiempo sagrado como señal de la presencia divina. Este tiempo sagrado afirma la presencia de Dios en Israel a tal grado, que el texto ordena que "cualquiera que lo profane, de cierto morirá." El sábado es un día de descanso que va por encima del tiempo regular porque es tiempo consagrado al Señor. La base para este día de descanso es la imitación de Dios. En la creación, Dios trabajó seis días y el séptimo descansó; por lo que Israel también tendrá un tiempo sagrado todas las semanas.

→ La fiesta sabática fue motivo de conflictos entre los cristianos (Marcos 2:23ss; Juan 5:9ss; Colosenses 2:16; Hebreos 4). En Hebreos 4.1ss el sábado se transforma en una visión del mundo salvífico hacia el que caminamos. Hoy podemos releer este relato del sábado. El tiempo sagrado es una impugnación de una sociedad que ha decidido que la vida es trabajar. Pero el descanso sagrado también impugna una sociedad que no da derecho al trabajo. Para que el descanso tenga significado, hay que trabajar como en la creación. La vida se dará en este delicado balance entre el deber de trabajar, que en este tiempo es un derecho no reconocido para muchas personas; al descanso que celebra y santifica el tiempo que se utilizó para crear trabajando.

Aplique la lección

Frank Kafka, a principio del siglo XX, escribió *La metamorfosis*. Cuenta sobre un personaje que se levanta una mañana convertido en insecto. Aunque intenta por todos los medios salir al lugar de trabajo, no puede. La vida, la sociedad, el sistema le ha deshumanizado, con la implicación de que no puede trabajar. El cuento es una tragedia. Una persona capaz es deshumanizada por las fuerzas de una sociedad que le alienan y le quitan su derecho a trabajar, a tener valor, autoestima, significado. El texto que nos invita a una sociedad donde hay tiempo sagrado para descansar, implica tiempo sagrado para trabajar. El relato nos invita a luchar por una sociedad sin desempleo, sin subempleo, sin explotación laboral, con los ingresos del trabajo que hacen el descanso un tiempo de dignidad. El descanso no es asunto sectario, sino que requiere el derecho al trabajo para que el descanso honre al Señor.

El relato del sábado ha sido utilizado de forma sectaria por algunos cristianos para alegar que una iglesia es verdadera o falsa. Esa es una lectura ingenua y de una falsa seguridad. Nosotros leemos los relatos del sábado conforme a la Regla de fe que se articuló junto con la Biblia en el siglo II y que hizo un fino balance entre el día de descanso, el día de la resurrección y la gentilidad de la mayoría de los cristianos. La ley de Israel como ordenanza social era primariamente para los judíos, por lo que el séptimo día era una ordenanza del judaísmo.

Para los cristianos, el sábado, la ley se lee de forma que nos guíe a Cristo (Lutero: *urgere Christum* o "hacer valer a Cristo"). Los cristianos llamaron a las tradiciones de Israel el Antiguo Testamento. A las tradiciones que entraron al canon cristiano se les llamó Nuevo Testamento. Se articuló una visión legal. El testamento último deroga al anterior en todo lo que sea diferente. Es la regla de *lex posteriori*.

La ley posterior deroga la previa. Esto no significa que los cristianos abandonaran el Antiguo Testamento. Se leería como principios y no como órdenes para el diario vivir de los cristianos. Solo a través de la interpretación de Cristo Jesús se interpretará el Antiguo Testamento.

Éxodo 31:12-17 nos presenta la institución sagrada en el tiempo. El sábado es una señal entre el Señor y su pueblo de la relación sagrada entre ambos. El sábado cobra su origen en el relato de la creación. Dios trabajó seis días y luego reposó de la creación (Génesis 1; 2:1-3a). Aquellas personas que guardan el sábado, deben trabajar seis días y luego descansar el día séptimo. Este asunto de la relación trabajo-descanso es un punto importante para todas las personas cristianas. ¿Tenemos derecho al trabajo para que el descanso sea significativo? ¿Cómo descansará aquel que no se ha podido cansar trabajando? Vivimos en una sociedad en que para muchas personas no hay derecho al trabajo, por lo que el descanso es un sinsentido.

Una sociedad que le quita el derecho al trabajo a las personas, desperdicia toda una capacidad creativa de trabajo de éstas. En el trabajo es que la persona proyecta su vida, su creatividad, su producción. No obstante, para muchas personas, la sociedad le ha quitado la oportunidad de poder crear, producir y trabajar. Las consecuencias son enormes. Las personas que no pueden trabajar teniendo la capacidad se les niega su derecho a mostrar en la vida su imagen de Dios (Génesis 1:26-28). El ocio improductivo es vivir para la muerte. Poder tener la mente, el corazón y la fuerza ocupada en el trabajo es producción, valor, riqueza, servicio y satisfacción. Solo cuando el derecho al trabajo está garantizado es que el derecho al descanso tiene significado. La falta del derecho al trabajo es la profanación del descanso.

Una forma implícita de violar nuestro derecho al trabajo son las condiciones deshumanizadas de trabajo. Explotación, bajos salarios, falta de garantías de salud, subempleos y explotación infantil y de extranjeros son algunas señales de la falta de santificar el trabajo y el descanso. Nuestra sociedad se ha convertido en una en que en muchos casos si hay trabajos son mal pagos y con pocas horas y pocos derechos laborales.

- ¿Tenemos derecho al trabajo? ¿Cuántos están desempleados en nuestras comunidades permanentemente?
- ¿Cuántos tienen pequeños trabajos con bajos salarios?
- ¿No profana el descanso esta falta de poder trabajar en trabajos dignos, creativos, y con derechos laborales tal como Dios en la creación trabajó y descansó?

- ¿Qué podemos hacer hoy para que ocupemos nuestro tiempo en el trabajo digno, justo, bien pago, con derechos fundamentales, de manera que podamos santificar el trabajo con el descanso como señal de la presencia de Dios?

Haga un resumen de la lección

El relato bíblico nos pone entre los valores el trabajo y el descanso. El descanso es la respuesta al trabajo. Para que el descanso tenga sentido hace falta el trabajo. Ese es el dilema. Hablar hoy de observar el descanso sin observar el derecho al trabajo es una burla al derecho al descanso. El texto nos invita a luchar por un mundo de buenos trabajos, trabajos de los que podemos vivir con dignidad, para que podamos santificar el descanso. Solo cuando hay trabajo digno y creativo, podemos santificar el descanso.

Oración

Ahora, Señor, te ofrecemos nuestra vida para tu servicio. Permite que en todas nuestras acciones logremos agradarte. Te damos gracias por nuestras labores y tareas de este día. Te rogamos que tengamos la satisfacción de cumplir con nuestras tareas para así poder santificar el descanso que honra tu nombre. Por Jesucristo nuestro Señor. Amén.

Lecturas bíblicas diarias

18 de septiembre: Un nuevo pacto en el corazón. Jeremías 31:31-34

19 de septiembre: Las naciones conocerán al Señor. Ezequiel 36:33-38

20 de septiembre: El Señor restaurará a Israel. Ezequiel 37:11-14

21 de septiembre: Restaurados como un solo pueblo. Ezequiel 37:15-23

22 de septiembre: "Haré con ellos un pacto de paz". Ezequiel 37:24-28

23 de septiembre: Acciones de provecho para la humanidad. Tito 3:8-11

24 de septiembre: Santificaré mi gran nombre. Ezequiel 36:22-32

Un corazón lleno del Espíritu Santo

Propósito

En esta lección estudiaremos otra imagen del pacto con Dios tal como se presenta en el libro de Ezequiel. Todos los otros pactos que hemos estudiados han sufrido el problema de la incapacidad humana. El ser humano no cumple con su parte del pacto. Ezequiel nos presenta otra imagen. Un pacto en que Dios capacita a su pueblo para cumplir con su parte, mediante la presencia su Espíritu. Esta nueva imagen del pacto nos invita a preguntar: ¿Estamos abiertos a que el Espíritu de Dios more en todos nosotros? Esta imagen del pacto con el Señor es nuestro desafío y bendición en esta lección.

Texto bíblico:
Ezequiel 36:22-32

Trasfondo bíblico:
Ezequiel 36–37; Tito 3:1-11

Versículo clave*: Os daré un corazón nuevo y pondré un espíritu nuevo dentro de vosotros. Quitaré de vosotros el corazón de piedra y os daré un corazón de carne.* **(Ezequiel 36:26)**

Introduzca la lección

Prepárese espiritual y racionalmente para facilitar esta lección sobre la presencia del Espíritu como señal del pacto con Dios. Lea el pasaje de la Escritura en varias versiones de la Biblia. Marque las palabras y frases que más llamen su atención. Diseñe la clase como un conversatorio sobre el texto, la vida personal y la vida en sociedad.

Lea el contexto literario: Ezequiel 36.1ss y Ezequiel 37. Ubique el pasaje en su lugar social e histórico.

Introduzca la lección con una pregunta:

- ¿Qué nos dice este relato sobre el pacto con Dios?
- ¿Cómo es el pacto en este relato?
- ¿Qué hace Dios y qué hacemos todos nosotros?

Puede comenzar con las siguientes preguntas:

- ¿Qué cuenta el pasaje bíblico?
- ¿Quiénes son los personajes?
- ¿Qué podemos inferir sobre la situación de los exiliados a los que se dirige el texto?
- ¿Cuáles eran los desafíos en aquel contexto?
- ¿Cómo se describe el pacto con Dios?
- ¿Por qué el Espíritu es esencial en esta relación de pacto con el Señor?

Examine la Escritura

Para comprender a Ezequiel 36 hay que comenzar situándolo histórica y socialmente. Ezequiel y sus discípulos vivieron en el período del exilio en Babilonia (587 a.C. a 539 a. C.). En el año 587 a.C. Nabucodonosor, rey de Babilonia, destruyó el reino de Judá, y se llevó cautivo a Babilonia todo el liderato de la ciudad de Jerusalén junto con la monarquía (2 de Reyes 24—25). Esta derrota política del reino de Judá tuvo implicaciones sobre la fe. Había que explicar por qué el reino de Judá había sido destruido. Había que explicar dónde estaba Dios en toda esta experiencia de derrota y destrucción. Las grandes tradiciones de Israel explicaron la caída como un juicio divino por la injusticia de Israel (Jeremías); afirmaron que Israel se había hundido en la idolatría, o que había violado el sistema de pureza (Ezequiel). Lo que había sido una tragedia política se convirtió en una experiencia de desesperanza (Salmo 137) y esperanza (Isaías 40—55). Es este el contexto histórico y social de nuestro pasaje.

El relato de hoy comienza como la comisión de que el profeta proclame un oráculo a los exiliados (vv. 22, 33, 37). La salvación que anuncia el profeta se fundamenta en la santidad del nombre de Dios. El exilio ha traído oprobio y vergüenza al nombre divino que se pronuncia sobre la comunidad. El remedio a esta profanación del nombre divino es que Dios santifique su nombre. Pero es la santificación del nombre divino la que trae todos estos bienes salvíficos a una comunidad que en el pasado había profanado el nombre divino con su violación al sistema de pureza (Ezequiel 36:16-21).

El medio para el Señor santificar su propio nombre es hacer regresar a la comunidad del exilio (v. 24). El Señor recogerá a Israel de todas las regiones en que fue dispersado, y promete que los traerá de vuelta a la tierra de Israel. Pero hay un problema: ¿cómo sabemos que no se repetirá la historia de injusticia, violación del sistema de pureza e injusticia que causó el exilio como castigo divino?

vv. 24-31: Plantean los actos salvíficos de Dios que el profeta anuncia a la comunidad exílica y a todas las personas. Lo primero es que Dios recogerá a su pueblo y lo traerá al espacio salvífico. Para que Israel pueda ser santificado, el Señor rociará con agua a su pueblo (Números 19.9-22). La purificación de la comunidad con el agua es paralelo con la limpieza de sus ídolos. Así, ser purificado de todas vuestras impurezas es lo mismo que ser limpiados de todos sus ídolos.

En una forma igual a la previa, se presenta la acción de Dios sobre el problema de la maldad en cada miembro del pueblo, el corazón de piedra. Sólo Dios, por su Espíritu, puede hacer que una persona con un corazón de piedra pueda tener una mente, un sentimiento y una acción que sea similar a tener un corazón de carne (una metáfora sobre la transformación humana como vemos en Jeremías 31:31-34). Esto será posible porque el Señor pondrá el Espíritu divino en sus corazones (1 Samuel 10:6ss). Solamente con esta capacitación divina Israel podría guardar los estatutos y preceptos del Señor.

Es en esta condición de pueblo transformado que se articulará la fórmula del pacto entre Dios y su pueblo: "Vosotros seréis mi pueblo y yo seré vuestro Dios." Bajo esta condición del pacto posibilitado por la acción de santificar el pueblo y donar el espíritu divino, vendrían las demás promesas salvíficas. El pueblo no volvería a ser dominado por la impureza, Israel no sería expuesto a la hambruna, y el pueblo reflexionaría sobre su violación del pacto que le había traído la tragedia del exilio como consecuencia.

El relato termina en forma de inclusión. Si al principio había dicho el oráculo que Dios actuaba salvíficamente no debido a las acciones de Israel, sino para santificar su nombre, ahora el último versículo del pasaje recapitula el comienzo del oráculo. La acción salvífica no la hace por la conducta de Israel. Lo único que Israel puede hacer ante los actos salvíficos es avergonzarse de todas sus iniquidades y reconocer la gracia divina.

León Tolstoy escribió un cuento llamado *El Padre Sergio* en que se describe entre líneas el encuentro con el Espíritu de Dios como un elemento fundamental en la relación con Dios. Cuenta la historia de la transformación espiritual de Sergio, un sacerdote de la iglesia ortodoxa rusa. Sergio, buscando solaz por una pérdida amorosa, se internó en una escuela teológica. Luego de varios años, terminada la escuela, pidió ser nombrado monje en una comunidad. Sergio fue formado teológicamente, pero había muchas áreas de su vida que necesitaba llenar. El Seminario explicaba la fe, pero Sergio necesitaba profundizar en la vida del Espíritu de Dios. Así que pensó que las disciplinas espirituales de la vida monástica le ayudarían a encontrar la plenitud del Espíritu. Pero Sergio no encontraba satisfacción en la vida de monje. Cambió sus ropas de monje y, después de andar como vagabundo, regresó a casa de una prima. Fue una noche oscura del alma. Al llegar a casa de su prima, encontró que era una mujer mayor, con una hija, nietos y un yerno holgazán. Sergio se sentó a observar. Notó que su prima, en toda su acción con su familia, se había salido de sí para servir a su familia. Esta es la idea básica del éxtasis, dejar de ser para si, para que Dios habite en nosotros. Había tenido una gran iluminación.

Servir a Dios requiere medios de gracia en que quitemos el corazón de piedra humano y pongamos el amor al prójimo como nuestro lugar de adoración. Por eso es que el corazón se hace de carne, porque es solidario, humano, bondadoso. Sergio se marchó a Siberia, y en el camino empezó a mediar entre personas que tenían conflictos. Fue dejando que su corazón fuera hecho de carne en la misión. Llegado a Siberia, organizó una escuela para niños, un centro de trabajo para mujeres, una iglesia volteada al servicio y la santidad social. Todo esto, lo vinculaba con el prójimo, por lo que su corazón sufrió una transformación humanizadora. El autor implícito cuenta que Sergio nunca había sentido la presencia de Dios en tal magnitud que en esos años en que se dedicó al servicio. Así había encontrado el camino para una vida en la plenitud del Espíritu.

Ese es el meollo de nuestra lección: cómo encontraremos una vida y misión en que recibamos la plenitud del Espíritu. Nuestro desafío hoy es celebrar el pacto y buscar los medios para que el pacto con Dios sea real, concreto, diario, pertinente a nuestras vidas, lleno de la gracia y el Espíritu de Dios, con un corazón humano.

- ¿Estamos en una relación de pacto con Dios?
- ¿Cómo hemos experimentado el pacto con Dios?
- ¿Cómo hemos experimentado la presencia del Espíritu de Dios?
- ¿Qué áreas de nuestra vida han cambiado para el bien como respuesta al pacto con Dios?
- ¿Tomamos al Señor en consideración seria en todas nuestras decisiones diarias?

En nuestras iglesias hay distintos énfasis teológicos, sea en la santidad, como en la gracia o el Espíritu Santo. Esos énfasis tienen sentido si los incorporamos a nuestra vida diaria. ¡De qué vale hablar de la santidad y vivir en impureza! ¿Vale la pena hablar de Cristo y ser personas endurecidas? Hablar hoy del Espíritu de Dios requiere vivir produciendo el fruto del Espíritu (Gálatas 5:22). El pacto es dejar que Dios actúe en nuestras vidas en la persona de Cristo crucificado y resucitado de manera que seamos una señal del pacto. Para que el reino de Dios se anticipe en nuestra vida, familia, iglesia y sociedad es necesario que la capacidad ética que da una vida dirigida por el Espíritu Santo se haga realidad en cada creyente.

El nuevo pacto con Dios en la persona de Jesucristo nos invita a reconocer que no ha sido por nuestra capacidad que hemos llegado a vincularnos con Dios. El pacto ha sido un acto de la gracia de Dios. Dios como creador del mundo y la humanidad muestra la santificación de su nombre en su acercamiento transformador del ser humano. Ese acercamiento divino ha implicado un proceso de lavarnos de nuestra maldad, dureza, violencia. Pero también ha sido un proceso de transformación psicológica, social y aún en medio de la creación. El pacto salvífico se muestra visiblemente en la transformación humana que bendice a nuestros prójimos. Para que podamos servir, Dios ha enviado el Espíritu de Cristo que nos acompaña y nos permite vivir para la gloria de Dios en obediencia a la voluntad divina.

- ¿Vivimos en relación de pacto con el Señor?
- ¿Estamos en un proceso continuo de purificación de nuestra mente, sentimientos y conducta?
- ¿Mora el Espíritu de Dios en todas las personas de manera que se note en nuestra conducta diaria o hemos recibido el espíritu de la religión del espectáculo que no tiene ninguna repercusión ética en el mundo?

Haga un resumen de la lección

En esta lección nos hemos acercado a otra imagen del pacto divino con las metáforas del libro de Ezequiel. El pacto divino es un acto de gracia, frente a una historia de injusticia, idolatría e impureza del pueblo de Dios. Es por la gracia del nombre divino, que Dios nos ofrece mostrarse como un Dios a favor de su pueblo, y nosotros/as como su pueblo en el mundo. Desde luego, nuestra incapacidad para servir a Dios es tal, que únicamente con la gracia de la misericordia, la santificación y la presencia del Espíritu podemos celebrar nuestra unión con lo sagrado. Dios se ha vinculado con el pacto que ha hecho con su pueblo, caminando con éste por la presencia del Espíritu, lo que nos invita a vivir en la plenitud del Espíritu de forma ética.

Oración

Danos un corazón, grande para amar, danos un corazón fuerte para luchar. Permite, oh Dios, que nuestras vidas estén llenas de tu Espíritu para que podamos vivir en tu justicia y santidad. Ayúdanos a transformar aquellas cosas que parecen un corazón de piedra, por una vida que glorifique tu nombre. Por Jesús, el Señor del Espíritu. Amén.

Lecturas bíblicas diarias

25 de septiembre: Las palabras del Señor se convierten en hechos.
Salmo 33:1-9
26 de septiembre: Abram llamado y bendecido. Génesis 12:1-3
27 de septiembre: Dios le promete a Abram tierra y descendencia.
Génesis 13:14-17
28 de septiembre: Un ángel dirigirá la conquista de Canáan.
Éxodo 23:23-27
29 de septiembre: Las promesas de tierra y descendencia se cumplen.
1 Reyes 4:20-25
30 de septiembre: Abraham, un ejemplo de fe y justicia.
Romanos 4:1-4
1 de octubre: Abram hace un pacto con Dios.
Génesis 15:1-6,17-21

El pacto entre el Señor y Abram

Propósito

El propósito de esta lección es utilizar la historia del pacto del Señor con Abram como espejo para nuestra vida. Nosotros (mujeres y hombres) también hemos encontrado a Dios en medio de nuestra precariedad, pero el encuentro ha estado lleno de la gracia y promesa de Dios. Como Abram, hemos sido declarados justos a pesar de que somos pecadores, y el Señor se ha comprometido con nosotros y nuestras familias a ser nuestro escudo y nuestra recompensa. ¿Vivimos asidos a la palabra de pacto de nuestro Dios para con nosotros?

Texto bíblico:
Génesis 15:1-6. 17-21

Trasfondo bíblico:
Génesis 15

Versículo clave: *Aquel día hizo Jehová un pacto con Abram, diciendo:—A tu descendencia daré esta tierra, desde el río de Egipto hasta el río grande, el Éufrates.* **(Génesis 15:18)**

Introduzca la lección

Prepárese espiritual y mentalmente para la clase. Puede sacar un tiempo diario para orar y leer Génesis 15 en la semana. Sería provechoso leer el pasaje en varias versiones bíblicas para poder ampliar tu percepción del mismo. Al preparar la lección, recuerde que es una clase con preguntas y diálogo, no un sermón de una hora. Introduzca la lección con preguntas abiertas como:

- ¿Cuándo ocurre el relato? ¿Qué había pasado en el relato previo?
- ¿Quiénes son los personajes y qué se dice sobre cada uno?
- ¿Qué es un pacto?
- ¿Qué promete el Señor? ¿Qué hace Abram ante la promesa de Dios?
- ¿Qué nos enseña el relato sobre nuestra relación con Dios?

Haga un resumen y ofrezca instrucciones para la próxima clase. Cierre con la oración que aparece al final.

Examine la Escritura

En estas lecciones hemos asumido que el libro de Génesis consta de una serie de relatos muy antiguos que fueron recopilados y puestos por escrito durante y posterior al exilio en Babilonia (539 a.C.). El exilio fue una experiencia de sufrimiento, pérdida y derrota para Judá. El templo fue destruido, junto con la monarquía, así como también la elite nativa fue derrotada y desterrada a Babilonia. Los relatos en Génesis tienen relación con dicha experiencia. Abram es un personaje que ha venido de Ur de los caldeos (Babilonia), pero tiene una situación personal trágica, no parece tener futuro. Esa situación de Abram es el lugar para que se muestre la gracia y gloria de Dios.

El relato que tenemos delante es una narrativa de promesa divina. Una narrativa de promesa divina cuenta en forma de relato una serie de promesas que Dios le hace a un personaje. En este relato, Dios se aparece a Abram como en los relatos de los profetas (1 Samuel 15:10) y le promete a Abram un hijo, una enorme descendencia y la promesa de la tierra para esa descendencia. Hay un diálogo entre Dios y Abram en que, a base de los discursos mutuos, se van articulando las promesas divinas frente a los reclamos de Abram.

La situación inicial se presenta en el versículo 1. Toda la narración comienza después de estas circunstancias, esto es, luego del relato del Génesis 14. En Génesis 14 Abram había ido a la guerra contra el rey de Elam que había tomado cautivo a Lot y su familia en una guerra contra el rey de Sodoma. El relato previo cuenta cómo Abram con sus siervos derrotó al rey de Elam; y el encuentro de Abram con Melquisedec, rey de Salem, donde Abram entrega las personas y los bienes que había tomado Quedorlaomer. Allí recibe la bendición de Melquisedec y Abram paga sus diezmos a éste. De acuerdo al relato, Abram se negó a tomar los bienes del rey de Sodoma, devolviéndole todos a éste con excepción de los bienes que tomaran los que se unieron a Abram en la guerra con el rey de Elam. Es en este contexto que se le aparece el Señor a Abram y le da un mensaje de salvación que comienza con las palabras "no temas". La razón para esta confianza es que el Señor se establece como el escudo y recompensa de Abram. Todo esto hay que mirarlo a la luz de que Abram no se enriqueció de la guerra contra el rey de Elam y le devolvió todos los bienes y las personas al rey de Sodoma. Ahora el Señor le dice que no se preocupe, el Señor es su escudo y le hace la primera promesa, tu recompensa será muy grande. Nótese que Abram ha rechazado la recompensa que le ha ofrecido el rey de Sodoma. Todo esto hay que situarlo en el exilio en Babilonia y en nuestras dificultades. En ambas situaciones, el texto viene como palabra de gracia, Dios es nuestro escudo y recompensa.

El nudo del relato se desarrollará en los diálogos entre el Señor y Abram. A cada nudo se presentará la acción transformadora a través de una palabra de promesa de Dios a Abram. El primer nudo consiste en un lamento de Abram: no tiene heredero, lo que hace que parezca vano lo que Dios le promete, porque le heredará uno de sus esclavos. En el contexto social del relato, no tener hijos era un tipo de maldición divina (Jeremías 22:30). Aquí se presentan varias promesas de Dios en respuesta al lamento de Abram. Le heredará un hijo suyo. En el texto hebreo dice "un hijo que salga de tus lomos (genitales)". La segunda respuesta divina es que la descendencia de Abram sería como las estrellas del cielo, una metáfora para presentar la gran descendencia que tendría Abram. Esta sección toma un primer desenlace en la fe de Abram. La palabra fe en hebreo se refiere a una confianza que no se deja disuadir. Proviene del concepto *amin* que es la tela con la que una madre se amarra al infante a su espalda, en la cual el infante siente gran confianza. Así Abram confía en el Señor como un infante confía en su madre (una visión maternal de Dios). Esa confianza tiene un doble sentido: fe y fidelidad a Dios. Esta entrega confiada en las manos de Dios le fue contada a Abram por justicia. El cristianismo primitivo vio en esa fe de Abram el modelo para que toda persona creyente pudiera ser justificada ante Dios (Gálatas 3:7; Romanos 4).

En los versículos que no están en la lección aparece el diálogo entre el Señor y Abram. Si en el primer relato Abram había hecho el papel de rey que derrota los reyes de Elam, ahora hará como sacerdote y traerá una serie de animales para el sacrificio. En ese ritual de sacrificio vuelve la palabra divina a confirmar la promesa de una descendencia, pero ahora se introducirá el tema de la esclavitud en Egipto y el peregrinaje a la tierra de la promesa. El punto fundamental es que el Señor pasó por el medio del sacrificio que había hecho Abram y ahora hace un pacto con éste. El pacto es una acción de promesa de Dios que le promete a Abram la tierra para su descendencia.

Así mismo, hoy también confiamos en el sacrificio de la encarnación, la crucifixión y la resurrección de Jesucristo, en el cual Dios ha pactado un nuevo pacto en que nos promete su reinado.

Aplique la lección

El relato de Génesis 15 nos presenta a Abram como un modelo en todo el sentido de la palabra. Abram se vincula al Señor como una figura profética a la que le viene la palabra del Señor (Oseas 1:1). El relato no ha dicho directamente que Abram sea rey, pero en el relato previo lo ha puesto en guerra con los reyes de Oriente y por lo tanto se sugiere que es una figura de un príncipe héroe. Luego el relato nos presenta a Abram haciendo un sacrificio, lo que implica que es un sacerdote. Son las imágenes fundamentales de nuestra fe en Jesús, como profeta, sacerdote y rey, que aparecen por primera vez en la figura del padre de la fe, Abram.

Si de una parte se presenta a Abram como modelo, la imagen de Dios se presenta como escudo y recompensa de Abram. Cada lector se puede poner en las sandalias de Abram y contemplar a Dios como "mi escudo", esto es, mi protección en las dificultades de la vida. Cada persona en nuestra Escuela Bíblica tiene historias donde ha experimentado la protección de Dios a su vida y a su familia. Cuenta un misionero que mientras cruzaba por la selva en la noche sintió gran temor. Se arrodilló en un lugar y le pidió a Dios fortaleza. Cuando sintió la fortaleza, siguió su camino para llevar unas medicinas y un dinero a una familia de un moribundo. Años después tuvo que volver a visitar a otro moribundo, que le contó que aquella primera noche le había visto en la selva y pensó asaltarlo. El misionero le preguntó por qué no le había asaltado si él estaba solo en el camino. El moribundo le dijo que no lo había asaltado porque lo había visto acompañado por dos personas fuertes. El misionero pensó en lo que había pasado en aquel primer viaje. Dios, su escudo, lo había protegido.

• ¿Qué experiencias podemos contar en que hemos visto la protección divina?

La segunda palabra de gracia en este pasaje es que Dios es nuestra recompensa. Optar por ser fieles al Señor para muchos parece una pérdida y una tontería. Pero realmente, las cosas que Dios tiene en recompensa para las personas que le sirven son extraordinarias. Allá en la ciudad de Nueva York se convirtió un hombre que era un ebrio. Su familia pasaba muchas penurias porque su salario lo gastaba en amigos y bebidas. Un día tuvo un encuentro con Jesucristo a quien le entregó su vida. De ahí en adelante sus viejos amigos lo incitaban a que se fuera de fiesta con ellos. Como se negaba, le decían que Cristo se lo había quitado todo. El hombre, pensándolo bien, decía: "Es verdad, Cristo ha quitado la pobreza de mis hijos, la falta de pan en mi casa, la aflicción continua de mi esposa." La vida en Cristo es nuestra recompensa. Somos recompensados con la vida abundante y los valores de vida que provienen del Evangelio.

• ¿Cómo ha experimentado las recompensas divinas?

Un tercer elemento que queremos traer a colación es Abram como modelo de fe. La fe es una confianza completa en Dios. Es entrega, pero también es fidelidad. A pesar de la situación personal del Abram, que no tenía hijo, escuchó con fe la promesa que Dios le hacía de un hijo y de una descendencia como las estrellas del cielo. Esa confianza lo llevó a ser justificado por Dios. Así mismo, el evangelio de Jesucristo presenta la fe como aquello que Dios usa para declararnos inocentes de nuestros pecados en Cristo Jesús. San Agustín era un impenitente pecador. Mónica, su madre, oraba a Dios en voz alta: "Haz de mi hijo un santo." Agustín oraba en voz alta en forma irónica: "Hazme un santo, pero todavía no". Un día, mientras oraba a Dios por dirección espiritual, escuchó un niño que cantaba: "Toma y lee, toma y lee." Interpretó que debía tomar la Biblia y leerla. Encontró aquellas palabras de san Pablo a los romanos que dicen: "nada de comilonas y borracheras, nada de lujurias y desenfrenos… revestíos más bien del Señor Jesucristo" (Romanos 13:14). Ese día comenzó una vida de fe y pacto con Dios, que permitió que fuera llamado en la historia de la iglesia el Maestro de la gracia.

- ¿Cómo es nuestra relación con el Señor?
- ¿Vivimos una relación de pacto y obediencia al Señor?

Haga un resumen de la lección

En esta lección hemos utilizado el relato de la promesa del Señor a Abram como modelo para nuestra vida. Ese relato asume la precariedad y limitación de Abram; y nos invita a poner nuestra propia debilidad y flaqueza ante Dios. El relato nos sirve para reflexionar en las promesas de Dios en nuestra vida y el pacto que ha hecho con nosotros en el bautismo y la santa cena. En ambos, Dios ha perdonado nuestros pecados, así como declaró justo a Abraham, y nos ha dicho que no es solo nuestro Dios, sino el de nuestra familia por todas las generaciones.

Oración

Señor, escucha nuestra oración. Mira nuestras necesidades. Sé nuestro escudo y recompensa cada día. Permítenos vivir entregados a ti, para que nuestra vida sea señal de tu justicia en el mundo. Sé nuestro Dios generación tras generación. Por Jesucristo el Señor. Amén.

Lecturas bíblicas diarias

2 de octubre: Ustedes han sido escogidos por Dios.
Deuteronomio 10:12-22
3 de octubre: Prepárese para el encuentro con su Dios.
Éxodo 19:9b-15
4 de octubre: La gloria triunfal de Dios. Isaías 60:1-7
5 de octubre: Casa de Israel, alaba a tu Señor. Salmo 135:1-9, 19-21
6 de octubre: Revelado en una nueva forma. Lucas 9:28-36
7 de octubre: Linaje escogido, nación santa. 1 Pedro 2:1-10
8 de octubre: Adoren a Dios por medio de la obediencia.
Éxodo 19:16-25

El pacto en Sinaí

[nota manuscrita: Monte Horeb ↑ LA ley]

[nota manuscrita: Sion: Jerusalem — Apoc. 14:1 — LA Gracia]
[nota manuscrita: Pacto - Mosaico - 20:1 — 31:18]

Propósito

El propósito de esta lección es invitarnos a una relación fiel con el Señor, como en el relato del pacto en el Sinaí. Intentamos repasar los elementos de este pacto para que nos sirvan de modelo para nuestra relación con Dios. El pacto tiene el componente de la presencia divina; la salvación que se va efectuando en nuestras vidas, comunidades y sociedad, y nuestra relación leal y obediente a la voluntad de Dios. ¿Vivimos en un pacto auténtico con Dios? Está en nuestras manos "si dieres oído a mi voz" (Éxodo 19:5).

Texto bíblico:
Éxodo 19:16-25

Trasfondo bíblico:
Éxodo 19; Isaías 60:3

Versículo clave: *Moisés sacó del campamento al pueblo para recibir a Dios, y ellos se detuvieron al pie del monte.*
(Éxodo 19:17)

Introduzca la lección

Prepárese bien de forma espiritual y racional. La razón y la fe son las mejores aliadas. Lea el pasaje bíblico en varias versiones de la Biblia para que pueda ampliar su comprensión del mismo. Comience la clase con oración. Lea en voz alta el pasaje de Éxodo 19. Como introducción a la lección, le recomiendo hacer preguntas que animen a la clase a conversar sobre el pasaje bíblico y la vida. Algunas sugerencias:

- ¿Cómo empieza el pasaje?
- ¿Cuáles son los lugares que se mencionan?
- ¿Qué sucedió en el pasaje bíblico? Invítelos a poner en orden los acontecimientos.

Al final, haga un resumen de la lección y de los comentarios de la clase. Termine con la oración del pacto en forma de oración al unísono.

Examine la Escritura

En este relato se presentará el pacto del Señor con Israel en forma similar a la que en la antigüedad había entre un rey poderoso y un rey débil que entra en relación de vasallaje. En dichos pactos, el rey débil recibía protección del rey poderoso a cambio de lealtad política y el pago de impuestos. Un pacto es, por lo tanto, un vínculo entre las partes implicadas, en este caso, el Señor y su pueblo. Sin embargo, el pacto con Dios es diferente a los pactos de vasallaje. A los reyes poderosos lo que les importaba eran los impuestos y la lealtad política. En el pacto con el Señor, toda la vida será dirigida hacia Dios. Esto incluirá la vida política, personal y religiosa. El pacto estará articulado por unas obligaciones sagradas y sociales que el pueblo asumirá a cambio de ser protegidos por el Señor. El Señor promete ser leal al pacto con su pueblo. La parte del pueblo es la obediencia a las condiciones del pacto. Cuando acepta el pacto con Dios, el pueblo define su vida como pueblo de Dios.

En este relato se presenta un esquema para el pacto: el pueblo se encuentra con el Señor que le ha salvado de la opresión en Egipto; el Señor se revela como un Dios que plasma una serie de condiciones para que haya un pacto; Moisés media entre el Señor y su pueblo, y entre el pueblo y el Señor.

vv. 1-2: Presentan la situación inicial. Los eventos se dieron al tercer mes de haber salido de Egipto. El texto hebreo dice literalmente que el evento fue en la tercera luna nueva, porque el calendario que presume el relato es lunar. El texto menciona puntualmente que ese mismo día del tercer mes llegaron al monte Sinaí donde acampó el pueblo. De acuerdo a la tradición, este lugar es en Yebel Musa, esto es, el Monte de Moisés, en el desierto del Sinaí. La evidencia histórica y arqueológica desconoce el lugar de estos eventos. Más allá de la historia, el lugar tiene significado teológico. En la Biblia, los montes son lugares de encuentro con el Señor. Eso es lo que sucede en este relato.

vv. 3-6: Presentan la subida de Moisés al monte para el encuentro con el Señor. El relato se convierte en una historia de comisión. Las historias de llamamiento divino siempre tienen como objetivo un mensaje que Dios quiere comunicar a su pueblo. El mensaje divino consiste en la historia de la salvación que han tenido los israelitas, quienes fueron liberados de la opresión de Egipto. Nótese que más que traer al pueblo de Egipto a Sinaí, el Señor les ha traído a sí mismo. Esto es una estampa de lo que implica el pacto, que Dios nos ha traído a su intimidad.

El relato presenta a Dios trayendo a su pueblo como un águila a sus polluelos. El concepto águila aparece en cinco veces en el Pentateuco y veintitrés veces en el Antiguo Testamento. Un águila es una metáfora sobre la protección y salvación del Señor a su pueblo. El águila es un ave poderosa, tiene la capacidad de volar alto y largas distancias. Se distinguían por el cuidado que tenían con sus crías. Como el águila con sus crías así ha sido el Señor con su pueblo. El pacto tiene su fundamento en los actos salvíficos de Dios a favor nuestro. Al ver el favor de Dios es que podemos ser invitados a servir a Dios. Toda esta acción de Dios invita al pueblo a escuchar y observar la palabra de Dios. Así Moisés y su pueblo muestran que han hecho una relación de pacto con el Señor y tendrán el privilegio de ser el tesoro especial del Señor.

La última palabra del Señor a Moisés en el pacto es que el pueblo será un reino de sacerdotes y un pueblo santo. Nótese que hay una figura del lenguaje en esta frase conocida como *endiasis*, esto es, una frase explica la otra que viene inmediatamente después. Así que ser un pueblo santo es lo mismo que ser un reino de sacerdotes. La idea es que el pueblo está apartado para el servicio de Dios en el mundo, y para ser mediadores del encuentro con Dios. En la tradición wesleyana esto se interpreta de dos formas: (1) la santidad personal, (2) la santidad social.

vv. 16-19: Presentan los eventos del tercer día, la teofanía. Una teofanía es una manifestación de Dios en el mundo y en la vida. Las señales de la teofanía muestran manifestaciones de la naturaleza como una tormenta, truenos, relámpagos, una nube y un sonido de bocina.

Todo esto son metáforas del poder y el pavor que implica la revelación de Dios. Por eso el relato cuenta que "Todo el pueblo que estaba en el campamento se estremeció" (v. 16). Paralelo a la bocina se nos presenta el diálogo entre el Señor y Moisés. La voz de Dios es presentada de forma metafórica como "voz de trueno" (Salmo 29:3).

Aplique la lección

Después de examinar el texto bíblico, puede usar una o varias de las siguientes preguntas:

• ¿Cómo es el pacto con Dios de acuerdo a este pasaje?
• ¿Cuál es la parte de Dios y cuál es la nuestra?
• ¿Cómo podemos relacionar el pasaje con nuestra vida, familias, iglesia, comunidad?
• ¿Cómo vivimos el pacto hoy? ¿Qué se debe mejorar?

Cada persona ha tenido un encuentro y llamamiento divino distinto. La tradición bíblica nos presenta ejemplos distintos que aclaran que Dios quiere entrar en relación con nosotros, su pueblo. Dios llamó a Abram y Sara siendo ancianos. Luego llamó a Jacob, quien era un pecador. Un miembro de la casa de Faraón, Moisés fue llamado para que liberara al pueblo de la esclavitud. Cada juez y jueza fue llamado para repetir la historia de Moisés en su contexto. Incluso nuestro Señor Jesucristo señaló que era llamado por Dios para predicar buenas nuevas a los pobres (Lucas 4:18). De eso es que trata el pacto: Dios quiere relacionarse con el ser humano, le llama. El ser humano tiene que responder. Dios no obliga, Dios llama; pero nos toca escuchar: "si dais oído a mi voz" (Éxodo 19:5).

Dios nos llama a su presencia en esta vida. En estos meses nos acercamos a los quinientos años de la celebración de la Reforma Protestante. Hubo movimiento de reforma por varios siglos en la iglesia. No obstante, cobró fuerza con Martín Lutero. El encuentro de Lutero con el Señor fue muy particular. Su padre, Hans, le envió a la ciudad a comprar unas herramientas para las minas y para proseguir el proceso de continuar estudios. El padre quería que Martín fuera abogado. Dios tenía otro propósito. Así que en el bosque que Lutero tenía que atravesar para llegar a la ciudad, hubo una gran tormenta eléctrica. Truenos, centellas, relámpagos por todos lados. Era una teofanía de muerte y de vida. Lutero se postró en tierra. Le pidió a santa

Ana, la patrona de los mineros, que lo salvara, que se haría monje. El Dios de santa Ana lo escuchó y le tomó la palabra. Lutero dedicó su vida a la palabra de Dios. Esto es la imagen de un pacto en la historia del cristianismo.

- ¿Cómo ha sido su encuentro con el Señor?
- ¿Cuándo le llamó el Señor?
- ¿A qué le llamó?

El relato de Éxodo 19 nos presenta el llamado de Dios a su pueblo. Quienes antes eran esclavos fueron convocados por Dios para ser su propiedad. Quienes antes eran esclavos, y no personas, ahora podían ser un reino de sacerdotes, una nación santa. El General Booth, fundador del Ejército de Salvación se dedicó al ministerio con los alcohólicos, prostitutas y adictos. Le pidió a la iglesia de su tiempo que se dedicara a predicar buenas nuevas a los pobres. La iglesia pensó que eso iba a costar mucho dinero. Booth tenía otra idea. Pensaba que Dios quería convertir una muchedumbre de empobrecidos y marginados en una nación santa. Así que cuando le preguntaban con quién se iba a llevar a cabo el ministerio, contestaba que a ese grupo de desaliñados que estaban en la cantina emborrachándose, que con esos Dios establecería el ministerio. El tiempo le dio la razón. Entre el culto y el auxilio a los marginados, se fue formando una gran congregación en dicho movimiento. Dios llamaba a los que no eran, para avergonzar a los que eran algo. El pacto entre Dios y su pueblo se iba manifestando colectivamente en aquel movimiento. Muchas de nuestras iglesias están llenas de relatos en que, en la peor fragilidad, Dios ha convocado y ha capacitado. Es que desde la creación hasta la redención final, Dios ha tenido un solo propósito, entrar en una relación de pacto con el ser humano y con su creación. Especialmente en las situaciones más desgraciadas ha sobreabundado la gracia de Dios.

En 1912 murió el General Booth. El Ejército de Salvación hizo un memorial en el lugar de su entierro. Uno de los ancianos de dicho movimiento fue al memorial y preguntó si se podía orar. Le dijeron que sí. Se arrodilló y pidió al Señor: ¡Oh Dios, hazlo de nuevo! Hoy, nuevamente, Dios quiere entrar en relación con usted. Quiere tomarle como el águila toma sus polluelos. Le convoca a una vida en comunidad comprometida con los caminos del reino de Dios. Todo depende de: "si dais oído a mi voz, y guardáis mi pacto…"

- ¿Qué haremos con el llamamiento divino? ¿Pactaremos? Su decisión está en sus manos.

Haga un resumen de la lección

En esta lección hemos mirado el relato del pacto del Señor con su pueblo en Sinaí. El pacto se basa en un acto de la gracia divina a favor de su pueblo. Dios nos llama a una relación estrecha. Dios muestra su llamamiento con actos salvíficos. Dios ha mostrado su parte en el pacto con todos los cuidados de la gracia divina. Como el águila cuida sus polluelos, Dios nos cuida. Todos estos actos salvíficos requieren una respuesta nuestra, "si dais oído a mi voz". Escuchar la palabra es también obediencia a la voluntad divina. ¿Mostramos que hemos pactado con Dios? ¿Obedecemos su voz? Esto es lo que está en nuestras manos. Pactemos con el Señor hoy.

Oración

Señor, a ti pertenecemos. Empléanos para lo que tú quieras, en el lugar en que tú quieras, sea para cumplir alguna tarea o para sobrellevar algún sufrimiento, para ser utilizados o dejados por ti, sea en abundancia o en necesidad. Libremente y de todo corazón nos sometemos a tu voluntad. Y ahora, al glorioso y bendito Dios, pertenecemos en amor y lealtad. Y el pacto que hicimos sobre esta tierra, sea ratificado en el cielo. Amén.

Lecturas bíblicas diarias

9 de octubre: El pueblo oye a Dios proclamar los mandamientos. Deuteronomio 5:22-27

10 de octubre: Dios demanda obediencia exclusiva. Éxodo 20:1-12

11 de octubre: Una guía para las relaciones humanas. Éxodo 20:13-17

12 de octubre: La ley se cumple en Jesús. Mateo 5:17-20

13 de octubre: La ira conduce a la muerte. Mateo 5:21-26

14 de octubre: La codicia conduce al adulterio. Mateo 5:27-32

15 de octubre: El pueblo escucha a Moisés proclamar la palabra de Dios. Éxodo 20:18-26

Unidad 2: Llamados al pacto
con Dios

Los diez mandamientos y el pacto

Propósito

El propósito de esta lección es aclarar que una relación de pacto con Dios implica obligaciones con Dios y con el prójimo. El pacto no es meramente una experiencia religiosa sin responsabilidades éticas. Quien dice que tiene una relación con Dios ha entrado en una serie de obligaciones que incluyen al prójimo. El Decálogo nos ofrece una lista de las obligaciones que tiene el pueblo de Dios con su Señor.

Texto bíblico:
Éxodo 20:18-26

Trasfondo bíblico:
Éxodo 20

Versículo clave: *Me harás un altar de tierra, y sacrificarás sobre él tus holocaustos y tus ofrendas de paz, tus ovejas y tus vacas. En todo lugar donde yo haga que se recuerde mi nombre, vendré a ti y te bendeciré.* **(Éxodo 20:24)**

Introduzca la lección

Lea el pasaje en varias traducciones de la Biblia para que pueda sacar provecho de las traducciones al recuperar el sentido del texto. Comience la clase con una oración e invite al grupo a leer el pasaje en voz alta. Introduzca la lección con algunas preguntas abiertas. Algunas sugerencias:

- ¿De qué trata el pasaje?
- ¿Cómo se relaciona este pasaje con el que leímos el domingo pasado?
- ¿Por qué es importante vivir en una sociedad que haya reglas?
- ¿Qué pasaría si no hubiera reglas?

Luego debe hacer una transición al pasaje. El pasaje se divide en dos partes: (a) las obligaciones con Dios; (b) las obligaciones con el prójimo. Puede hacer las siguientes preguntas para que los alumnos observen la estructura del pasaje.

- ¿Cómo dividirían el pasaje?
- ¿Qué obligaciones se refieren a Dios? ¿Cuáles tienen que ver con los seres humanos?

En esta discusión le recomiendo preguntar al grupo cuáles de estos mandamientos le parece que son más importante y cuáles menos y por qué.

Luego puede pasar a un repaso de los mandamientos. Sería interesante plantear cuáles de estos mandamientos tenemos que reinterpretar para nuestro tiempo.

Al final haga un resumen de la clase y concluya con una oración.

Examine la Escritura

Éxodo 20:1-17 presenta el relato de los Diez Mandamientos. Este es el texto fundamental de la revelación del Señor en Sinaí. Este relato tiene un texto paralelo en Deuteronomio 5:6-21. El título de los Diez Mandamientos lo da el mismo texto en Éxodo 34:28, aunque en hebreo dice literalmente "diez palabras".

Los Diez Mandamientos son una colección de leyes bíblicas que tienen un carácter general y abarcan la totalidad de la vida. Están divididos en dos partes: (1) vv. 2-12 regulan la relación con el Señor; (2) vv. 13-17 regulan las relaciones entre los seres humanos.

Los mandamientos muestran que hay una combinación de obligaciones propias de Israel y una colección de obligaciones que son comunes a toda la humanidad. El orden de los mandamientos establece que las obligaciones con el Señor son prioridad. Las obligaciones con las personas, aunque importantísimas, van en segundo lugar.

El versículo 1 introduce la colección de mandamientos como una palabra de Dios a su pueblo. El versículo 2 es una fórmula de presentación de Dios como el legislador de estos mandamientos. Añade que sacó al pueblo de la esclavitud. Es esta acción del Señor de liberar a su pueblo de la esclavitud la base para estos mandamientos que presentan las obligaciones del pueblo de Dios su Señor.

El primer mandamiento se presenta de forma negativa: "No tendrás dioses ajenos delante de mí". Los versículos 5 y 6 explican este mandamiento, que prohíbe hacer esculturas o imágenes de lo sagrado. Lo que se prohíbe es tomar una escultura como si fuera Dios y postrarse en adoración. Desde luego, las imágenes más peligrosas de lo sagrado muchas veces son ideologías, valores, principios que producen la muerte; esculturas en el corazón humano.

La idolatría como asunto que afecta a hijos y nietos implica que cualquier acto de idolatría tiene consecuencias sociales que van más allá de la persona que comete el acto. Asimismo, los millares mencionados que reciben misericordia son aquellas personas que guardan esta colección de mandamientos. Esto implica que la obediencia tiene grandes repercusiones en la vida personal, familiar y social.

El tercer mandamiento se refiere al nombre de Dios. El concepto "tomar el nombre en vano" se puede traducir también como usar, hacer mal uso o incluso pronunciar. La idea era no usar el nombre de Dios en juramentos y maldiciones como si el nombre divino fuera un objeto mágico. También había una reverencia hacia el nombre que representaba el ser de Dios.

El cuarto mandamiento se refiere al sábado o día de descanso. Nótese que el Decálogo establece que el ser humano necesita trabajar y descansar. El descanso es un derecho que se ancla en la creación divina (Génesis 1:1—2:4a). El descanso divino se convierte en la base para el descanso de la creación. Nótese que este derecho se da a todas las personas por igual: hijo, hija, esclavo, extranjero y aun a los animales. Se trata del mundo del antiguo Israel postexílico, donde todavía había esclavos. Hoy tendríamos que referirlo a obreros no diestros en la escala social. Los derechos se dan a todos por igual.

El quinto mandamiento se dirige a adultos: "Honrarás a tu padre y a tu madre". Honrar al padre y la madre implica que los adultos se harán responsables económicamente y de la provisión de todos los elementos que hacen digna la vida de las personas de edad avanzada.

El sexto mandamiento prohíbe matar. No es sólo prohibir el asesinato, sino los actos sociales que causaban la muerte del empobrecido, la viuda, el huérfano y el extranjero (Salmo 94:6; Job 24:14). Así se entiende en el Nuevo Testamento (Mateo 5:21-22; Romanos 13:8-10).

El séptimo mandamiento prohíbe el adulterio. En aquel mundo se prohibía que alguien abusara de los derechos de la mujer que era propiedad de otro hombre. La versión evangélica amplía las cercas del mandamiento comenzando con la codicia (Mateo 5:27ss). El evangelio ha puesto al varón y a la mujer en igualdad frente a este mandamiento.

El octavo mandamiento prohíbe el robo. El robo podía incluir los bienes de otra persona. No obstante, en aquel mundo podía incluir el rapto de una persona para convertirla en esclava (Génesis 40:15).

El noveno mandamiento prohíbe el testimonio falso en un proceso judicial. La idea era prohibir que una persona mintiera en un juicio para hacerle daño a otra.

El décimo mandamiento sobre la codicia se refiere a las cosas y a la esposa del prójimo. En el evangelio, tanto el hombre como la mujer puede codiciar el cónyuge.

Nótese que los mandamientos comienzan con las obligaciones con Dios, y terminan con las obligaciones con el prójimo. Son los dos lados del pacto.

Aplique la lección

Los mandamientos de Dios y su interpretación han sido motivo de ardua discusión tanto en el judaísmo como en el cristianismo. La interpretación de la Ley de Dios comenzó en el ministerio de Jesús, quien nos legó una serie de dichos sobre cómo interpretar y vivir los mandamientos (Mateo 5:17-48). Cuando el cristianismo comenzó, hubo una larga discusión sobre qué sentido tendría la Ley de Israel para los gentiles (san Pablo y sus cartas). Los evangelios nos plantean una antigua tradición judía sobre cómo se podían resumir los mandamientos. Marcos nos recuerda que los mandamientos se pueden resumir en dos principios, amar al Señor absolutamente y al prójimo como a sí mismo. (Marcos 12:28-33).

Cada evangelista interpretó los mandamientos de Dios para su situación particular. Lucas nos recuerda el amor al prójimo con la historia del buen samaritano. El evangelio de Juan nos recuerda que el mandamiento que marcará a los verdaderos discípulos es el amor que haya entre ellos y ellas (Juan 13:35).

Martín Lutero escribió un comentario a los Diez Mandamientos titulado "Pequeño Catecismo". Para Lutero, toda la Biblia venía a nosotros como palabra de Dios en forma de ley y de evangelio. La idea era que la ley, aunque tenía el sentido social de las obligaciones en la sociedad, también probaba que cada persona estaba imposibilitada de salvarse por sus obras. Todo esto requería la segunda parte de la Escritura, el Evangelio: Dios nos salva por pura gracia.

El relato de Éxodo 20 nos presenta una de las versiones de los diez mandamientos; la otra en Deuteronomio 5. Ambas versiones son muy parecidas, con unas pocas diferencias. Las diferencias en las dos versiones nos muestran que en Israel, los mandamientos de Dios eran objeto de reinterpretación para traerlos a la vida actual.

Hoy día, en sociedades donde hay tantas señales de una vida sin reglas, los diez mandamientos nos recuerdan que la relación con Dios tiene obligaciones sagradas y obligaciones sociales. No es posible una vida de servicio a Dios sin tener un sentido de obligación con el prójimo y con Dios.

El Decálogo se presenta como fuente de una vida consagrada a las obligaciones con el prójimo. "Yo soy Yhvh tu Dios que te saqué…de casa de servidumbre (Éxodo 20:2)". Una vida consagrada a la calidad de vida y a la santidad personal y social necesita estar anclada en los actos de Dios a favor nuestro.

Cuando el movimiento misionero llegó a los nativos de Norte América, un predicador hablaba a un grupo sobre el amor que Dios en Cristo Jesús. Uno de los nativos escuchaba la historia de la salvación y su corazón se conmovía. Entonces dijo en voz alta: "¡Voy a dar mi perro a Cristo!" En aquel contexto el perro era algo muy valioso. El misionero siguió con su mensaje sobre el amor de Dios. El anciano, más conmovido, dijo en voz alta: "¡Entonces yo daré mi escopeta a Cristo!" El predicador extendió su mensaje a la obra de salvación de Dios por medio de la vida, muerte y resurrección de Jesucristo. El hombre se dio cuenta de que no era cuestión de dar su perro ni su escopeta. Entonces dijo: "¡Debo darme yo mismo al Señor!" La obediencia a Dios se fundamenta en el amor de Dios y sus actos salvíficos a favor nuestro.

A finales del siglo III, Cipriano, Obispo de Cartago, le escribió una carta a su amigo Donato en que expresaba la bondad por la vida consagrada a la voluntad de Dios. Estas palabras se atribuyen a Cipriano: "Este es un mundo malo, increíblemente malo. Pero me he encontrado en medio de él a un pueblo tranquilo y santo que ha descubierto un gran secreto. Han descubierto un gozo mil veces mejor que todos los placeres de nuestra vida pecaminosa. Son despreciados y perseguidos, pero eso nos les preocupa. Esta gente, Donato, son los cristianos y yo soy uno de ellos". Hoy necesitamos que nuestras iglesias vuelvan a la consagración de servir a Dios en el mundo y la vida. Esa consagración comienza con los actos de Dios a favor nuestro, pero se perfecciona en nuestro compromiso con una vida dentro de su voluntad.

Haga un resumen de la lección

En esta lección nos hemos acercado a los Diez Mandamientos. Este acercamiento nos ha permitido ver que el fundamento de nuestras obligaciones con Dios y con el prójimo han comenzado con los actos de amor y salvación de nuestro Dios. Es porque Dios nos amó primero que ahora tenemos la obligación de vivir en amor a Dios, al ser humano y a la creación. Las obligaciones son dos esencialmente: nuestras obligaciones con Dios y sus principios y las obligaciones con los demás seres humanos. Si somos pueblo del pacto, viviremos con ese sentido de obligación y ética en nuestra relación con Dios.

Oración

Ven oh Dios, Padre amoroso, Señor Jesús y Espíritu Santo consolador y bendícenos. Dondequiera que estén nuestros amados, bendícelos y mantenlos en tu cuidado amoroso. Permite que podamos vivir en tu amor y en el amor a nuestro prójimo que es el cumplimiento de tus mandamientos. Que nuestra vida sea una señal viviente del pacto. Amén.

Lecturas bíblicas diarias

16 de octubre: Samuel unge a David como rey de Israel.
1 Samuel 16:1, 11-13
17 de octubre: Dios edificará la casa de David. 1 Crónicas 17:9-15
18 de octubre: Recursos para construir el templo. 1 Crónicas 22:2-5
19 de octubre: David da instrucciones a Salomón sobre el templo.
1 Crónicas 22:6-16
20 de octubre: Alabanzas a la majestad del Señor. Salmo 89:1-15
21 de octubre: David se prepara para el servicio. 1 Samuel 16:19-23
22 de octubre: El pacto de Dios con David.
2 Samuel 7:1-6, 8-10, 12-16

El pacto con el rey David

Propósito

El propósito de esta lección es abordar el tema de la esperanza basados en la promesa de Dios. La vida, en medio de todas las dificultades que trae, se puede manejar sin esperanza, o mirando hacia arriba y recordando todas las promesas de Dios. El relato bíblico es uno que se escribió en tiempos de zozobra. Pero los poetas de Israel no permitieron que el sufrimiento presente tuviera la última palabra, sino que miraron arriba y a la promesa de Dios. Con esto pudieron vivir tiempos difíciles con esperanza. Así también nosotros somos invitados a mirar a la promesa de Dios para transitar en medio de las dificultades de la vida.

Texto bíblico:
2 Samuel 7:1-6, 8-10, 12-16

Trasfondo bíblico:
2 Samuel 7:1-16; Salmo 89; 1 Crónicas 22:6-8

Versículo clave: *Tu casa y tu reino permanecerán siempre delante de tu rostro, y tu trono será estable eternamente.* (**2 Samuel 7:16**)

Introduzca la lección

Lea el pasaje bíblico y el paralelo en el Salmo 89 y 1 Crónicas 17:1-15. Note que 1 Crónicas 17 es una reinterpretación del pasaje de hoy. El Salmo 89 es una versión independiente del relato del pacto con David sobre un reinado eterno. Mire todos estos pasajes como esperanza en tiempos difíciles y trágicos. Motive a su clase a que dialogue sobre el relato bíblico, su contexto de sufrimiento y un llamado a mirar la vida con los ojos de Dios.

Le recomiendo que comience su lección con una introducción y una pregunta que provoque el diálogo. Le recomiendo que haga un repaso de los detalles de la presencia de Dios en la vida de David. Localice este relato en el exilio en Babilonia y su función de cambiar la percepción, de la derrota a la esperanza.

- ¿Cuáles son nuestras situaciones de pesar, angustia, sufrimiento, derrota, pecado, que requieren que volteemos nuestros ojos a la promesa de Dios?
- ¿Miramos arriba o miramos abajo y atrás? ¿Tenemos esperanza?

Entonces puede repasar las promesas que Dios le hizo a David en el relato. Esas promesas hay que leerlas de cara al sufrimiento que había en Babilonia (Ezequiel 37).

- ¿Cómo podemos vivir en el exilio con esperanza?
- ¿Qué promete el Señor en medio de nuestra zozobra?
- ¿Qué definirá el fracaso o la esperanza?
- ¿Cómo nos sirve el relato para mirar con los ojos de Dios en tiempos de derrota?

Le recomiendo que hilvane el tema del reinado de Dios en la persona de Jesucristo como la continuación del pacto de Dios con David y como el ancla que nos permite tener esperanza en la desesperación.

Examine la Escritura

2 Samuel 7 presenta el pacto entre el Señor y el rey David. El relato más amplio es la historia de David. Ésta a su vez es parte de una larga historia que ha comenzado en el libro de Deuteronomio y termina en 2 Reyes. Toda esta historia tiene una estructura bajo el tema de la retribución. A los fieles, Dios los bendice; a los infieles les espera la maldición. 2 Reyes termina con la destrucción del reino de Judá en el 587 a.C. Este material forma parte de lo que se llama la tradición deuteronomista que se escribió en el exilio en Babilonia, y luego que

la comunidad regresó y reorganizaron la sociedad como una colonia persa (539—450 a.C.).

1 y 2 Samuel presentan a David como un modelo de la bendición divina, a pesar de las grandes caídas y fragilidad de la historia. Nuestro relato viene luego que se narran las victorias militares de David (2 Samuel 5) y su ascenso al trono de Judá e Israel. La historia se vincula al arca del pacto, que era un trono en forma de caja con dos figuras aladas (serafines) en medio de los cuales se sentaba el Señor como rey de Israel. El arca del pacto se paseaba por distintos lugares en el antiguo Israel, y se guardaba en una tienda que estaba hecha con diez cortinas de piel (Éxodo 26:1). De acuerdo al relato previo, donde quiera que David llevaba el arca, allí eran bendecidos los residentes. Finalmente, David se llevó el tabernáculo y el arca del pacto a la ciudad que le había quitado a los jebuseos (2 Samuel 5), Jerusalén. Es esta situación la que produce la trama de nuestro relato. El rey habitaba en una casa de techo de cedro, pero el arca del Señor habitaba en el tabernáculo de cortinas. David decide construir una casa al tabernáculo y así lo comunicó a un profeta que aparece por primera vez en el relato, Natán. En estas circunstancias del plan para construir un templo, es que se nos presenta la respuesta divina.

Originalmente, el profeta, contestó con cautela al rey: "Anda, y haz todo lo que está en tu corazón…" (v. 3). A partir del versículo 4, el relato toma un camino irónico. David quería construir una casa al Señor, pero el profeta recibe una visión del Señor que pone todo al revés. El profeta recibe una comisión para comunicar un mensaje a David, en respuesta a su decisión de hacerle una casa al Señor.

El mensaje narra toda la historia de la presencia de Dios en la vida de David. David era un pastor de ovejas. Dios lo tomó para que fuera príncipe de su pueblo. Dios ha estado con David y le ha dado grandes bendiciones políticas e históricas. No obstante, Dios tiene una historia con su pueblo que va más allá de David. Dios construirá una casa a David, esto es un reino eterno que procederá de su descendencia, con la que bendecirá a su pueblo y al mundo. Si la descendencia de David falla, como pasó con Saúl, Dios les castigará; pero el pacto con la casa de David será eterno.

Una mirada al contexto en que este relato se puso por escrito nos permite verle como un relato de gran esperanza. En el exilio en Babilonia, había un problema fundamental: el reino de David había sido destruido por Nabucodonosor (587 a.C.). La promesa de Dios era que dicho reino era eterno. ¿Cómo podríamos sostener una promesa que parecía que había sido destruida por Babilonia? En esperanza. El pacto de Dios es firme y eterno. Por lo cual, de alguna manera Dios se las ingeniaría para cumplir la promesa del reino con un descendiente de David. La fe cristiana no es otra cosa que la confirmación de que en Jesucristo, su vida, ministerio, resurrección, ascensión y segunda venida lo que está en el tablero es el pacto del reino eterno (Ezequiel 34:23; Amos 9:11; Mateo 1:1; Romanos 1:2-3). Jesús de Nazaret es la descendencia prometida con la cual Dios, en la resurrección y en el reino, ha confirmado la promesa y el pacto hecho a David.

Aplique la lección

Se cuenta que uno de estos grandes deportistas de nuestro tiempo fue a un área urbana a visitar niños de un pre-escolar. Un niñito de apenas cuatro años reconoció el jugador que había visto en la televisión y le preguntó cómo había llegado a su barrio. El jugador le dijo que había venido en un avión. El niño era muy pequeño y no entendió bien, así que repitió la pregunta. El jugador le explicó que los aviones viajaban por el cielo y uno de estos lo había traído de otro lugar al barrio donde vivía el niño. El niño insistió en que le explicara mejor. El jugador lo sacó a la calle y le dijo: "mira al cielo". Al rato pasó un avión. El jugador le indicó que por ese camino había venido el jugador. A veces la vida nos da tan duro que lo que miramos es para abajo, para los lados, para atrás. Pero es en esos momentos de sufrimiento que más necesidad tenemos de mirar hacia arriba, allá donde está la presencia de Dios. No es lo mismo la dificultad mirando al suelo, que mirando al cielo.

2 Samuel se escribió en tiempos de tragedia. Nabucodonosor, rey de Babilonia había destruido Jerusalén y la monarquía. El rey hebreo había sido llevado como un preso político a Babilonia. Con éste fueron sus hijos. Parecía que Dios y su promesa habían sido derrotadas. Sin embargo, es cuando todo está mal que hay que mirar al cielo y recordar las promesas de Dios. 2 Samuel 7 permite mirar estos eventos con los ojos de Dios. Dios se ha glorificado en los que no son nada (1 Corintios 1:26-29). David era pastor, pero Dios lo hizo príncipe. David quería hacer una casa a Dios, pero era él quien necesitaba que Dios le hiciera una casa eterna. Nosotros también podemos mirarnos en el espejo del relato. Nuestra fragilidad puede ser el otro lado de la presencia de Dios en la vida.

2 Samuel es uno de esos relatos que nos invita a ponernos los lentes de Dios y mirar la vida con sus ojos. En la historia de la promesa a David, Dios hizo de un pastorcillo un príncipe para su pueblo. Si David tiene unos planes, Dios tiene otros mejores. Esta historia se recuerda en tiempos de lágrimas y muerte. Los que contaron la historia de la promesa de Dios a David tenían esperanza, miraban con los ojos de Dios. Dos personas viajaban por el desierto. Fueron marcando con cruces el camino. Dondequiera que llegaban ponían sus marcas con la idea de saber dónde estaban y por donde podían regresar. Una noche se desató una tormenta de arena y lluvia. Se guarecieron en una cueva, pero cuando todo terminó no había una sola marca de las que habían hecho en el camino. Una de las personas se desesperó. La otra se mantuvo tranquila. Cuando llegó la noche, el que estaba tranquilo le dijo al desesperado: "Mira arriba. Todavía nos quedan las estrellas que están en el cielo. Ellas nos guiarán".

La vida trae dificultades y retos cada día. El sufrimiento puede ser un guía a la desesperación o a mirar arriba. Dedique algunos momentos a reflexionar en situaciones que requieren esperanza. Pida primero a los miembros de la clase que identifiquen en silencio alguna situación de crisis personal. Después puede pedir que piensen en las siguientes preguntas:

- ¿Qué hace usted al enfrentarse a una crisis?
- ¿Mirar hacia abajo, hacia la caída, la derrota o considera la esperanza como importante?
- ¿Qué perspectiva nueva le puede ayudar?

Los escritores de Josué a 2 Reyes sabían cómo había caído el templo y la monarquía, pero pusieron sus ojos en las promesas de Dios que les permitieron ver la vida con esperanza. Este tiempo podría ser de sufrimiento y tiempo de esperanza. No hay desesperación en la vida a la que una mirada al cielo no pueda encontrar un camino de esperanza, consolación, perdón y gracia. El pacto con David, es también un pacto con nosotros. Es un pacto de que el Dios creador del mundo justo y bondadoso que esperamos prevalecerá.

Pueden hacer un círculo al final, después del resumen. En silencio, pida a los miembros que entreguen sus problemas a Dios en oración. Pueden concluir leyendo juntos la oración final.

Haga un resumen de la lección

En esta lección hemos localizado el relato de 2 Samuel 7 en tiempos de zozobra y aparente derrota. Pero el sufrimiento puede ser el primer paso para que podamos hacer una meditación en que recordemos las promesas de Dios, su pacto salvífico, y miremos hacia arriba y hacia delante con esperanza. La promesa a David, en la persona de Jesucristo resucitado, ascendido y viniendo de nuevo al mundo es nuestra esperanza. Dios no le ha fallado a su promesa. Por lo cual, en el peor momento, el relato me invita a mirar la promesa, a recordar el pacto y a tener esperanza.

Oración

Mi fe espera en ti, Hijo de David, Señor, ten misericordia de mí, ten misericordia de mí. Mi esperanza está en ti, Hijo de David, Señor, ten misericordia de mí, ten misericordia de mí. Mi vista pongo en ti, Hijo de David, Señor. Ten misericordia de mí, dame tu paz.

Lecturas bíblicas diarias

23 de octubre: Israel hace una confesión nacional. Nehemías 9:1-5a
24 de octubre: Dios, quien crea y hace pactos. Nehemías 9:5b-8
25 de octubre: Dios confronta la rebelión con misericordia eterna. Nehemías 9:26-31
26 de octubre: El que redime a Israel. Salmo 130
27 de octubre: El perdón mutuo. Lucas 17:1-4
28 de octubre: La misericordia de Dios conduce al arrepentimiento. Romanos 2:1-8
29 de octubre: Confesión y renovación del pacto. Nehemías 9:32-38; 10:28-29

Unidad 2: El llamado a
profetizar

El pacto con la comunidad exílica

Propósito

El propósito de esta lección es aprender a reconocer nuestros pecados, errores y horrores, y poder pactar con Dios para una vida consagrada y feliz. Nehemías 9 y 10 nos presentan una comunidad que puede admitir sus propios errores y responsabilidades como paso previo a comprometerse para servir a Dios. Es una imagen de cómo la Reforma veía a la iglesia auténtica, la iglesia santa, una iglesia siempre reformándose. Le invito a que esta lección sea un espacio para meditar y mirar con seriedad lo que puede mejorar en nuestra vida como servicio al Señor.

Texto bíblico:
Nehemías 9:32-38; 10:28-29

Trasfondo bíblico:
Nehemías 9–10

Versículo clave: *Pero tú eres justo en todo lo que ha venido sobre nosotros; porque rectamente has hecho, mas nosotros hemos hecho lo malo.* **(Nehemías 9:33)**

Introduzca la lección

Hoy es el domingo más cercano al día de la Reforma Protestante. Este 31 de octubre de 2017 se marcan 500 años memorables de un llamado a la iglesia al arrepentimiento y la novedad de vida. Esta lección nos invita a cambiar nuestra forma de pensar y actuar, para la mayor gloria de Dios. Esta actitud es el mejor homenaje que podemos hacer a la Reforma Protestante.

En esta lección nos acercaremos al relato de la confesión y pacto de fe que nos presenta el libro de Nehemías (9). Le invito a preparar la lección tomando en cuenta los capítulos 9 y 10.

Le recomiendo leer el libro de Nehemías para relacionarse con la experiencia social e histórica de la comunidad postexílica (520—394 a.C.). Luego puede ver los capítulos 9 y 10 como una liturgia que concluye con un compromiso escrito con el Señor. Este compromiso luego es reiterado por todo el pueblo. Nótese que se hace un recuento de la historia de Israel y cómo se ha repetido una constante ruptura y rebelión contra el Señor. Nótese que la rebelión ha tenido consecuencias, pero en la liturgia se afirma que Dios ha sido justo y compasivo. El relato cuenta el historial de fracasos de Israel con el Señor, pero termina con un compromiso firme de obediencia.

Le invito a usar el texto como espejo. Nos olvidamos que detrás de la violencia contra los indígenas, africanos, mujeres, extranjeros, obreros, marginados existe una iglesia que ha colaborado con esa violencia. Así que los grandes pecados de Israel tienen su paralelo en nuestros grandes pecados como iglesias a través de la historia.

Una mirada honesta a nuestras vidas también muestra que el domingo y el lunes están muy separados. Para muchos cristianos, la semana se vive como si Dios no existiera. Es una religión que no toma en serio el compromiso diario con Dios y produce una secuela de sufrimiento, angustia, falta de sentido, errores y horrores personales. No deje esta lección en el pasado. La confesión es hoy. Es grupal, familiar, personal, colectiva. Si la clase se convirtiera en un reconocimiento de nuestras limitaciones, podría voltearse en un compromiso para vivir nuestra fe con pasión e intensidad. Dios permita que la confesión se torne en compromiso.

Examine la Escritura

Hoy es el domingo más cercano al Día de la Reforma Protestante. Celebramos quinientos años de un evento que ha marcado la historia. La Reforma llamó a la iglesia de su tiempo, y el nuestro, al arrepentimiento de sus malas prácticas. También llamó a la iglesia a volver a la Escritura como un medio para comprender la gracia de Dios y el

Evangelio. El pasaje de hoy es una reforma radical en la comunidad exílica. Es una liturgia de confesión, arrepentimiento y pacto con el Señor. Celebrar la Reforma hoy incluye la confesión, el cambio de paradigma y una nueva práctica de la fe en la vida diaria.

En el 539 a.C., los judíos que vivían en Babilonia fueron liberados por Ciro el persa para que regresaran a Judea. Los que regresaron encontraron un país en ruina. Nehemías y Esdras nos presentan el cuadro de los que regresaron a Judea: pobreza, explotación y desesperación. Estos problemas se complicaron con el nuevo arreglo político, que fue de tipo colonial. Persia tenía un gobierno nativo en el país a los que les respetaba su cultura, pero tenían que tener el país en paz y pagar los tributos que imponía la metrópoli. Los tributos eran tales, que se organizó el país en una economía de subsistencia. Lo que hacía falta era un año sin lluvia para que la deuda y la pérdida de las tierras o de la libertad imperara (Nehemías 5). Para sobrevivir, se vendían los hijos, la tierra y finalmente la propia persona.

La interpretación de este colapso social tuvo una perspectiva religiosa: estamos mal política y económicamente porque hemos sido un pueblo rebelde contra Dios, dice Nehemías. En la situación de crisis, una forma que cobró fuerza fueron las liturgias de lamento comunal con un énfasis en las oraciones de confesión del pueblo.

Nehemías 9 es una confesión histórica de los pecados de Israel con las consecuencias que esto ha tenido en la historia, y que todavía repercute en la comunidad postexílica. Ahora, las consecuencias de la rebelión contra el pacto con el Señor es que las personas que han retornado a la tierra se han convertido en esclavos de reyes extranjeros que explotan a la comunidad y que causan gran penuria y opresión.

La liturgia confesional presenta todo un historial de rebelión del pueblo, arrepentimiento, restauración. Es la historia desde que Israel salió de Egipto, en el periodo de los jueces, en las monarquías del norte y del sur, en el exilio y hasta el presente bajo el coloniaje persa. La rebelión de Israel ha tenido la secuela de los castigos históricos que Israel ha sufrido, incluyendo la destrucción de Israel en el 722 a.C. y la destrucción del reino de Judá, 587 a.C. La comunidad ha regresado a la tierra, pero la restauración es parcial. El sufrimiento por la explotación colonial está sobre los hombros de la comunidad que, de forma irónica, en vez de ser herederos de la tierra que el Señor les prometió, son esclavos de los monarcas persas en la tierra de la promesa.

Una mirada a la oración de confesión nos deja ver que presenta la historia de Israel hasta el periodo del exilio (vea Salmo 106) como una historia de rebelión, castigo histórico y restauración. La historia de Israel es un testimonio del fracaso del pueblo de vivir conforme al pacto con el Señor. En medio del historial de rebelión de Israel, se marca en la liturgia la misericordia y compasión del Señor con su pueblo. A pesar de que el pueblo, vez tras vez, se ha olvidado de la voluntad de Dios, quien ha mostrado su misericordia. Por esta razón, la plegaria termina con un reconocimiento de la justicia de Dios y de la culpa de Israel, y una afirmación de la misericordia divina hacia aquellas personas que vuelven al pacto y se comprometen con la voluntad divina.

La respuesta del pueblo a este historial de pecado, rebelión, castigo y gracia, es reiterar un compromiso con Dios de fidelidad y obediencia. Este compromiso es tan serio que es firmado por los líderes del pueblo como un contrato o pacto con Dios. Todos se comprometen a observar la voluntad de Dios. Se le da énfasis a observar la ley y los mandamientos de Moisés, mantener el pueblo separado de los pueblos vecinos, la obligación de sostener el templo y los levitas con las ofrendas y diezmos debidos, la observancia del sistema de pureza, especialmente el tiempo sagrado. Nuestra lección concluye con un pacto de todo el pueblo para cumplir la ley de Dios.

Aplique la lección

Hace 500 años el monje Martín Lutero llamó a la iglesia al arrepentimiento. La iglesia de aquel entonces había perdido el rumbo. Así, en sus 95 tesis, Lutero cuestionaba a la iglesia de su tiempo sobre el perdón y los actos de recoger dinero para pagar los gastos de la construcción de la Basílica de San Pedro en Roma. La iglesia de su tiempo había decidido financiar esta construcción con la venta de indulgencias. Lutero le dice a la iglesia que si puede denunciar el pecado y puede perdonarlo, debe hacerlo gratuitamente. La iglesia de aquel tiempo decidió aferrarse a su entendimiento y no dio paso a las querellas que venían acumulándose por siglos. La falta de arrepentimiento de la iglesia de aquel entones, provocó la ruptura del cristianismo de occidente.

Un lema de la Reforma Protestante es que la Escritura es Ley y Evangelio. Como ley, la Escritura denuncia nuestros errores; como Evangelio, nos invita a recibir el perdón divino y a comenzar de nuevo en la gracia de Dios. La Escritura como Ley señala la historia de grandes caídas, errores y horrores que marcan nuestras vidas y la historia del pueblo de Dios. Para ser mejores hay que reconocer qué ha estado mal, qué está mal y qué hay que cambiar. Reconocer nuestros errores y maldades requiere valor, honestidad e integridad personal. No reconocer nuestros errores y horrores puede arruinar la vida que Dios nos ha dado.

La vida se encarga de informarnos qué está mal porque nos produce síntomas. Algunos síntomas son tristeza, ansiedad, insomnio, tensión, enfermedad, problemas matrimoniales, problemas con la familia, problemas de salud mental. A veces la señal es un hijo o hija que empieza a dar malos pasos. Pero su conducta es sólo un síntoma de un sistema que está desequilibrado. Cuando estas cosas suceden, hay que mirarlas como posibles mensajeras de Dios que nos invitan a cambiar nuestra forma de pensar, sentir y actuar.

Cuenta el psiquiatra Aaron Beck que un hombre muy exitoso sufrió una gran depresión. El terapeuta se sentó a escuchar lo que contaba el paciente. Había estado cinco años viajando continuamente en su trabajo. Había ganado muchísimo dinero. Muchas veces estaba en una tarea de su trabajo en algún país a que le enviaba su trabajo. Había dormido por estos años en los mejores hoteles, había comido en los mejores restaurantes, había vestido con ropas finas y estaba con una depresión profunda. El terapeuta notó que el éxito era en apariencia. Realmente, había dejado de vivir todos estos años, y su ser interior le pedía que parara. El psiquiatra instó al hombre a aceptar que aquellos éxitos realmente eran una gran pérdida de sentido en la vida.

• ¿Cuáles son las señales de que nuestra vida va por mal camino?

En el *Libro del alumno* incluí una historia familiar que sucedió durante mis años como pastor. Le invito a leer la historia y a pedirle a la clase comentar sus experiencias en cuanto a situaciones como ésta. La respuesta del padre de familia requirió valor e introspección. ¿Cómo ayudar las familias con situaciones de crisis como las que se describen?

Cuando hay crisis, se requieren cambios en el pensamiento, el sentimiento y la acción. Una vida que se voltee a las disciplinas espirituales de la oración, la meditación, la lectura bíblica, puede escuchar a Dios que nos llama a una nueva vida, y empezar dicha vida. Si hacemos lo mismo que nos ha quedado mal, los resultados van a ser los mismos.

¿Estamos dispuestos a admitir nuestros errores y comenzar otras prácticas de vida conforme a los valores del Evangelio? ¿Estamos dispuestos a vivir comprometidos con Cristo Jesús en la vida diaria?

Haga un resumen de la lección

En esta lección hemos mirado la confesión de la comunidad exílica como una oportunidad para mirar nuestra historia de errores. No es cuestión de mirar el error de los demás. Hay que mirar la viga que está en nuestro propio ojo, para poder llegar a ver bien. La comunidad exílica admitió su culpa, sus pecados, los actos de rebelión. Ese fue el primer paso para hacer un firme pacto de servicio a Dios. También nosotros hoy podemos mirar nuestras vidas, reconocer qué va mal, y pactar con el Señor para una vida en la gracia y evangelio de Dios.

Oración

Dios misericordioso, confesamos que no te hemos amado de todo corazón, con frecuencia no hemos sido una iglesia fiel. No hemos cumplido tu voluntad, hemos violado tu ley, nos hemos rebelado en contra de tu amor, no hemos amado a nuestro prójimo y no hemos escuchado la voz del necesitado. Perdónanos y renuévanos, Señor. Amén.

Lecturas bíblicas diarias

30 de octubre: Un Dios que es siempre fiel. Salmo 4:1-8
31 de octubre: Un buen servicio a Jesús   Mateo 26:6-13
1 de noviembre: Aménse unos a otros y sirvan al Señor.
Romanos 12:9-18
2 de noviembre: Llamados al servicio   Filemón 8-16
3 de noviembre: El resultado trágico de adorar a Baal-peor.
Números 25:1-9
4 de noviembre: El menosprecio de las ofrendas a Dios.
1 Samuel 2:12-17
5 de noviembre: El pacto de un sacerdocio eterno.
Números 25:10-13; 1 Samuel 2:30-36

El pacto es fidelidad

Propósito

El propósito de esta lección es meditar en la calidad de nuestra relación con Dios. El señorío de Jesucristo sobre nuestra vida implica que hemos de vivir con lealtad los valores del evangelio. Los ejemplos en Números y 1 Samuel nos presentan relatos de infidelidad y de fidelidad al Señor. Al meditar en los textos de hoy, consideraremos cómo estos nos pueden servir de espejo para mirar la calidad de nuestra relación con Dios y comprometernos a serle fieles.

Texto bíblico:
Números 25:10-13; 1 Samuel 2:30-36

Trasfondo bíblico:
Números 25; 1 Samuel 27-36

Versículo clave: *En cambio, yo me suscitaré un sacerdote fiel, que obre conforme a mi corazón y mis deseos; le edificaré casa firme y andará delante de mi ungido todos los días.* **(1 Samuel 2:35)**

Introduzca la lección

Le recomiendo leer los pasajes en Números 25 y 1 Samuel 2 para que tenga una idea clara del contexto literario de los pasajes que se usarán en la lección. Mire la trama de fidelidad e infidelidad que se presenta en ambos pasajes y trate de relacionarla con su clase. El primer pasaje (Números 25) es difícil de aceptar en la época actual. Matar a un miembro de Israel por juntarse con una moabita es una experiencia fuerte. El libro de Rut y 1 Corintios 7:12-16 cuestionan este tipo de mensaje dentro de la Biblia. Le recomiendo comenzar su clase con una oración. Lea ambos pasajes en voz alta. Para introducir la lección puede preguntar a sus estudiantes qué idea tienen sobre lo que significa la fidelidad al Señor. Luego de unos comentarios, debe hacer la transición al relato y la vida. Le invito a dividir en varios puntos el cuerpo de la lección:

1. El relato de Números 25 y cómo presenta la infidelidad y la fidelidad. ¿Cómo aplicar el ejemplo de Números 25 a nuestro tiempo? ¿Cómo se sienten ante la violencia que hay en el pasaje?
2. El relato de 1 Samuel 2 y cómo presenta el asunto de la fidelidad y la infidelidad. ¿Cómo aplicar el ejemplo de los hijos de Elí a nuestra vida como creyentes? ¿Como ver a Samuel y su madre como ejemplos de fidelidad hoy día?

Para concluir, haga una lista de palabras y ejemplos que muestran fidelidad e infidelidad al Señor. Termine con la oración impresa.

Examine la Escritura

Estas lecturas presentan dos modelos de deslealtad al Señor. En Números 25, la deslealtad se relaciona a la idolatría al participar de las religiones de los pueblos vecinos de Israel. 1 Samuel 2 presenta la deslealtad al Señor como abusos contra el Señor y su adoración por parte del pueblo de Israel. La lealtad y deslealtad al pacto tienen muchas facetas.

El relato de Números 25 es una historia sobre el tema de la fidelidad de Israel durante el peregrinaje del pueblo en el desierto. Se compone de varios relatos tradicionales sobre la apostasía de los israelitas con las religiones cananeas de los pueblos vecinos del antiguo Israel. La relación de Israel con el Señor exigía una lealtad al Señor que no permitía participar en los cultos de los pueblos originarios del área (Éxodo 20:1-7). No obstante, la evidencia en la literatura profética y en este relato es que Israel sintió gran atracción por los cultos de los pueblos vecinos (Oseas 9; Salmo 106), y en muchas ocasiones rompió con la fidelidad al Señor y participó en sus cultos. Las religiones del Antiguo Medio Oriente ofrecían formas de controlar la naturaleza con sus ritos (magia). Ese fue el caso de la plaga (Números 25:8b) que se produjo a causa de la infidelidad al Señor. Un grupo del pueblo pensó que utilizando los ritos cananeos acabaría con la plaga. Las religiones cananeas tenían el atractivo de permitir una serie de ritos relacionados al cuerpo y la sexualidad. La arqueología ha encontrado evidencia de una mezcla del culto de Israel con los cultos cananeos, hasta el punto de presentar al Señor como el cónyuge de Asera, una deidad cananea.

Números 25 nos presenta una plaga a la que respondieron los israelitas con una participación en el culto cananeo de Baal-Peor (Oseas 9:10; Deuteronomio 4:3) como remedio a la misma. Ahí comenzó la infidelidad. Ellos entendían que el Señor no tenía remedios, y había que buscar ayuda en las religiones vecinas. Números 25:18 presenta la religión de Baal como un engaño. Baal-Peor era uno de los dioses de Moab, los medianitas y los amonitas. Su culto era de índole sexual. A través de una orgía religiosa, se entendía que los dioses celestiales habrían de bendecir a sus adoradores. La interpretación de los fieles al Señor fue que la plaga se debía a la idolatría. Por eso es que el remedio fue actuar con violencia contra los que habían participado del culto moabita. El relato asume que la violencia contra ese culto fue lo que hizo cesar la plaga. Las personas que se han mantenido fieles al culto del Señor son aprobadas para proseguir como los líderes del culto de Israel, luego de la muerte de Aarón.

Este relato es parte de la reflexión teológica del exilio. Israel ha sufrido toda esta derrota política, militar y social porque le ha sido infiel al Señor al seguir en pos de los dioses del Antiguo Medio Oriente. La respuesta fiel era servir al Dios de Israel únicamente. Es dicha fidelidad la que traerá el que cese la ira de Dios.

El segundo relato (1 Samuel 2) es la historia del sacerdote Elí, Samuel niño y los hijos de Elí, que oficiaban en el santuario de Silo. Mientras Samuel va creciendo en gracia, los hijos de Elí van desagradando a Dios con su conducta de desprecio del servicio a Dios. Cuando el pueblo trae sacrificios, ellos toman la mejor parte del sacrificio. Estaban dispuesto a hacerlo hasta por la fuerza. Otra acción que demuestra la falta de fidelidad de los hijos de Elí al Señor es que abusan de su poder religioso a través del abuso sexual de las mujeres que vienen al santuario (1 Samuel 2:22). Por esto es que Elí plantea la seriedad del asunto a sus hijos, que demuestran su falta de fidelidad haciendo caso omiso a la represión de su padre. El relato nos presenta un contraste entre Samuel y los hijos de Elí. El niño Samuel crecía delante del Señor agradando a Dios, mientras los hijos de Elí pecaban contra el Señor tanto con la explotación económica del sistema de sacrificios, como con la explotación sexual de sus privilegios como sacerdotes.

El relato concluye con un oráculo profético que anuncia la destrucción de la casa de Elí debido a la conducta de los hijos de éste. Una frase clave es: "Yo honro a los que me honran." (v. 30). Los hijos de Elí han deshonrado al Señor con su conducta, por lo que el Señor los echará de su servicio.

Aplique la lección

El tema de la fidelidad es presentado en nuestra lección en una doble modalidad: la lealtad frente a la idolatría, la lealtad en la conducta ética. Un ídolo es todo aquello que ponemos como principal en nuestra vida por encima de nuestra relación con Dios. Muchos en nuestras iglesias creen que la idolatría es meramente adorar imágenes del cristianismo popular y otras religiones en nuestras culturas. ¿Pero son estos ídolos los que amenazan el pacto con Dios? Hay que examinar cuáles son los valores a los que damos prioridad.

En nuestro tiempo, la falta de sentido en la vida se resuelve con los ídolos del placer, el deber y el poder. Soren Kierkegaard, escritor del siglo XIX, se daba cuenta de que en las sociedades modernas había un espíritu secular que cada vez era más abarcador y hacía a Dios secundario. Ahora que Dios se había hecho secundario en la sociedad, ¿qué llenaría el espacio de Dios y a qué costo? El vacío lleva a la gente a la búsqueda de algo para llenar el alma. La búsqueda de placer para llenar el alma termina en angustia. Otras personas optaban por el deber como remedio al sin sentido. Nuevamente, la persona que creía que el deber le daría sentido a su vida entraba en otra fase de angustia. No podía cumplir con todos los deberes a la vez. Esto producía amargura y un sentido de imposibilidad. Una tercera fase era el poder. El ser humano creía que tomando el poder sobre otra persona o en la sociedad resolvía el problema del sentido de su vida, pero eventualmente, el sufrimiento era peor. Estos son los nuevos ídolos de nuestro tiempo.

¿Cuantas personas que asisten a nuestras iglesias, realmente adoran el placer, el deber o el poder? Uno puede saber cuál es su ídolo haciendo un inventario de a qué dedica su tiempo. Una relación saludable con Dios tiene la capacidad de dar sentido a la vida.

El segundo relato presenta el servicio a Dios sin ética. La historia de la iglesia está llena de un servicio religioso sin ningún tipo de ética. Esos eran los reclamos de la Reforma Protestante. De cara a las riquezas de la iglesia, el poder que tenían los líderes del cristianismo, y la falta de una relación de integridad con Dios, la Reforma llamaba a la fidelidad como medio para tener una verdadera relación con Dios. Cantaban los vendedores de indulgencias en el siglo XVI: "La moneda en el cofre tocando y las almas del purgatorio van saltando". Era un cristianismo sin espiritualidad, integridad, compromiso ni fidelidad al Señor. De ahí que uno de los lemas de la Reforma es que el ser humano es justo por la fe. No es la institución de la iglesia, ni sus sacramentos, ni su liderato el que pone al ser humano en relación con Dios. Es la fe o fidelidad que nos permite tener una verdadera relación con lo sagrado.

Martín de Tours era un recién convertido cuando llegó de noche a la ciudad de Amiens. En la muralla de la ciudad se encontró un mendigo que le pidió unas monedas. El mendigo estaba sin ropa en la calle. Martín se quitó el abrigo, lo partió en dos y le dio la mitad al mendigo. Así hizo con toda su ropa. Esa noche, cuando se acostó, tuvo una visión. Se le apareció el Cristo Vivo con la media ropa que le había dado al mendigo y le dijo: "En la medida que lo hiciste a uno de mis hermanos más pequeños, a mí lo hiciste". Con esta experiencia, Martín nos legó un modelo de lo que es una relación fiel con el Señor. Se sirve al Señor cuando se tiene un corazón solidario, una mano extendida y unos pies dispuestos a servir. Lo contrario es una relación superficial con el Señor.

- ¿Cuáles son nuestros ídolos?
- ¿En qué forma se revela que servimos a Dios sin ética?
- ¿Escuchamos la voz de la gracia que nos llama a la lealtad y fidelidad tanto en la dimensión del servicio a Dios, como el servicio al prójimo?

Haga un resumen de la lección

En esta lección hemos examinado dos historias, una de infidelidad y otra de fidelidad al Señor. El propósito de los relatos es servirnos de espejo para reflexionar sobre la calidad de nuestra relación con Dios en la persona de Jesucristo. El relato nos llama a la fidelidad al Señor como una determinación consciente y firme. El ser humano le encuentra sentido a la vida cuando ha hallado a Dios. La ausencia de Dios en la vida tiene un peso de deshumanización potencial.

Oración

Señor, ofrezco mi vida a Cristo como un objeto adecuado para que sobre mí se ejerzan todas sus funciones. Tomo el Cristo completo, con todas sus demandas, todas sus aflicciones y con todas sus cruces. Dedico todo lo que soy en este mundo a Dios, Padre, Hijo y Espíritu Santo, y en estos términos me suscribo a ti como tu siervo. Amén.

Lecturas bíblicas diarias

6 de noviembre: El amor de Dios une al pueblo. Jeremías 31:1-6

7 de noviembre: Bienvenida a las personas con discapacidad. Jeremías 31:7-9

8 de noviembre: Israel celebrará el regreso del exilio. Jeremías 31:10-14

9 de noviembre: Los hijos de Raquel regresan. Jeremías 31:15-20

10 de noviembre: La relación de pacto se renueva. Oseas 2:16-20

11 de noviembre: En memoria de mí. Lucas 22:14-20

12 de noviembre: Rindiendo cuentas bajo el nuevo pacto. Jeremías 31:27-34

El nuevo pacto

Propósito

El propósito de esta lección es meditar en la promesa divina de establecer un nuevo pacto con Israel, primeramente, y con los seres humanos por extensión. Jeremías nos presenta una visión en la que el Señor promete un nuevo pacto en que se arregle el problema de la incapacidad humana para guardar fidelidad a Dios en la vida diaria. Ahora, el Señor perdonará todos nuestros pecados y escribirá su voluntad en nuestros corazones de manera que podamos vivir en la fidelidad esperada.

Texto bíblico:
Jeremías 31:27-34

Trasfondo bíblico:
Jeremías 31

Versículo clave: *Pondré mi ley en su mente y la escribiré en su corazón; yo seré su Dios y ellos serán mi pueblo.* (**Jeremías 31:33**)

Introduzca la lección

Lea Jeremías 30 y 31 para que pueda comprender el contexto literario del pasaje.

Busque algún comentario o diccionario bíblico que explique con detalle el ministerio de Jeremías. Esto le ayudará a situar el pasaje en su contexto social e histórico.

- ¿Qué estaba pasando en la región llamada Antiguo Medio Oriente en tiempos de Jeremías?
- ¿Qué pasaba en Judá en tiempos del profeta?
- ¿En qué consistió el mensaje de juicio y de salvación del profeta?

Vea en una concordancia del Nuevo Testamento cómo el cristianismo ha interpretado el concepto de nuevo pacto. El Nuevo Testamento en su totalidad es una reflexión sobre el concepto del nuevo pacto.

Después de orar, leer el pasaje, puede hacer una de estas preguntas para iniciar la discusión:

- ¿Qué han ido aprendiendo en el trimestre sobre lo que significa el pacto?
- ¿Qué implica la idea de que Dios va a iniciar un nuevo pacto?

Mire el relato en el contexto social de Jeremías:

- ¿Cuál era la situación en que se presenta la imagen de un nuevo pacto? ¿Por qué el pacto anterior no funcionó?
- ¿En qué consiste el nuevo pacto? ¿En qué forma el nuevo pacto es diferente al pacto anterior?

Observe el tiempo con cuidado para que pueda hacer un resumen al final de la clase.

Hagan la oración final al unísono.

Examine la Escritura

En esta lección nos acercamos a la tradición del profeta Jeremías. Jeremías posiblemente nació en el año 640 a.C. y su ministerio se extendió hasta después de la destrucción de Jerusalén por Nabucodonosor en el año 587 a.C. Jeremías fue llamado a la vocación profética siendo un joven en el año 622 a.C. De acuerdo al inicio del libro, Jeremías 1:1 relata que el autor era un sacerdote oriundo de Anatot y que nació en tiempos del corto reinado de Amón (642-640 a.C.). Su vida y su ministerio se extendieron al tiempo del reinado de Josías (639-609),

Joaquín (609-597) y el último rey de Judá, Sedequías (597-587 a.C.). Éste vivió durante la caída del reino de Asiria ante los babilonios (612 a.C.), la caída del reino de Josías ante Egipto (609 a.C.); la caída de Egipto ante Babilonia en el 604 a.C.; y finalmente, la caída del reino de Judá ante Babilonia (587 a.C.).

Como se puede inferir, fueron tiempos de inestabilidad política en la región. Tres imperios se disputaron el poder: Asiria, Egipto y Babilonia. Esto tuvo profundas repercusiones en Judá, que era un vasallo de Asiria y, por un corto tiempo, de Egipto; pero que finalmente cayó vencido por Babilonia. Fue un tiempo muy difícil y doloroso para Judá y para el profeta. Gran parte del ministerio de Jeremías fue señalando la maldad de los reinados de Judá previo a la destrucción del reino, y denunciando las falsas seguridades en las que basaban su esperanza de prevalecer (Jeremías 7). La vocación del profeta fue anunciar la destrucción y caída del reino de Judá a consecuencia del poder de Babilonia (1:10, 13-14; 20: 4). De hecho, en 27:12 recomendó al rey Sedequías que se sometiera voluntariamente a Babilonia.

Luego que anunció el juicio divino sobre el reino de Judá, Jeremías anunció la restauración de la comunidad. Jeremías 30 y 31 son una serie de mensajes y promesas de salvación que el profeta anuncia a la comunidad exílica. Si bien, Judá había caído bajo la ira del Señor por su idolatría (Jeremías 2—3) e injusticia social (Jeremías 22:1-4), el amor de Dios a su pueblo era mayor. El contexto literario de nuestro pasaje son una serie de promesas de salvación que incluyen el retorno del exilio en Babilonia (31:23). En el tiempo salvífico, el Señor, en vez de arrancar y derribar edificará y plantará a Judá (31:28). Es en ese contexto que el profeta anuncia que Dios hará un nuevo pacto con su pueblo.

El nuevo pacto no sufrirá del problema de la rebeldía de Israel y Judá (Jeremías 31:32). Ahora, el Señor pondrá su ley en la mente de su pueblo y escribirá la ley en su corazón. Esta última frase es una ironía, en contraste con el pacto antiguo que había sido escrito en tablas de piedra (Deuteronomio 5:22). Contrario a lo que el viejo pacto exigía (que se le enseñara la ley al pueblo, especialmente en la época de la niñez, Deuteronomio 11:19), este nuevo pacto no requerirá que se enseñe la ley, porque el pueblo conocerá al Señor "desde el más pequeño hasta el más grande" (31:34). El nuevo pacto tendrá como fundamento el perdón divino al pueblo. Ya el Señor no se acordará más de los pecados de su pueblo (31:34b). El pasaje va seguido por una serie de promesas de salvación en que el Señor afirma que es imposible que el futuro no consista en la salvación de su pueblo.

La fe cristiana ha interpretado este nuevo pacto como semejante al hecho por Jesús en la última cena con sus discípulos. Asimismo, es el pacto hecho con el pueblo de Dios que se ha unido al discipulado (Marcos 14:24; 1 Corintios 11:25). En Cristo Jesús, se ha anticipado ese nuevo pacto en que Dios promete el perdón, su ley en nuestros corazones y que Dios nos enseñará a conocerle (Juan 14:26; 17:3).

Aplique la lección

Jeremías 31:27-34 nos presenta la imagen del nuevo pacto entre el Señor y su pueblo. El nuevo pacto se describe con varias frases: poner la ley en el corazón humano, todos me conocerán, perdonaré la maldad de ellos y no me acordaré de sus pecados. ¿Cómo interpretaremos hoy estas imágenes?

La imagen comienza con una alusión al tiempo del fin, "vienen días". La frase "vienen días" aparece en la Biblia en 42 ocasiones. De estas, en 14 ocasiones aparece en el libro de Jeremías. El tiempo del fin no es un tiempo cronológico que podamos adivinar en el calendario de la historia, sino un tiempo especial de Dios en el mundo. En el tiempo especial, Dios realiza sus actos de juicio y salvación. Para el cristianismo primitivo ese tiempo especial tuvo su inicio en la resurrección de Jesucristo y el advenimiento del Espíritu de Dios. Había llegado el tiempo final porque la resurrección es un evento del fin de los tiempos. El tiempo del fin nos ha venido en momentos especiales en que hemos visto la presencia de Dios en nuestras vidas o en el mundo. En el siglo XIX, un cubano recibió un Nuevo Testamento en una de las calles de la Habana. Llevaba una vida típica de una persona no creyente. Luego de una noche de fiesta y de tomar licor en exceso, se puso a leer a Mateo. Allí se sintió interpelado por Dios. A medida que leía, se alejaba de su antigua vida y se comprometió con el Evangelio de Jesucristo. Con aquel Nuevo Testamento, le llegó el fin de los tiempos, y el tiempo del nuevo pacto con Dios.

¿Qué queremos decir con un nuevo pacto? En derecho está claro que cualquier ley posterior sobre un hecho hace nula la ley previa. Es lo que se conoce como ley posterior. El nuevo pacto es un vínculo nuevo entre Dios y su pueblo. Es que Dios insiste en buscar al ser humano porque hizo al ser humano para manifestar su amor en el mundo.

Víctor Hugo nos presenta una imagen del perdón divino en la historia de Jean Valjean en la novela *Los miserables*. Jean Valjean fue a prisión por tratar de robar pan para alimentar a su hermana y su familia. Había estado preso muchos años y se le había metido la cultura del crimen en el alma. Cuando fue liberado de la cárcel, no tenía quien le diera hospedaje o le recibiera. Una mujer del pueblo le aconsejó que fuera a casa del obispo al lado de la iglesia. Así lo hizo. El obispo Bienvenido le recibió en su casa, le dio comida y hospedaje. Allí quedó Valjean para dormir esa noche. Como estaba dominado por su mente de persona bajo las pasiones del crimen, en la noche se levantó y se robó la vajilla de plata del obispo y salió sin hacer ruido. Valjean fue tomado preso.

Al pedirle al obispo Bienvenido que identificara la vajilla robada y poderle acusar como criminal habitual, el obispo lo perdona. El obispo Bienvenido, al ver aquel cuadro, decidió arriesgarse con Valjean y confrontarlo con la gracia del perdón. Le dijo al policía que no había tal robo, que al contrario, él le había regalado también unos candelabros de plata y que no sabía porque Valjean los había dejado. El pastor Bienvenido se acercó a Valjean y le dijo al oído: "He comprado tu vida del mal para el bien". De ahí en adelante, a pesar de otro episodio de robo, la vida de Valjean fue otra. Tenía una nueva relación con Dios. Su amargura y su odio a la humanidad se transformaron por la misericordia recibida y las palabras del obispo, un hombre de vida íntegra y cristiano de corazón. El pastor Bienvenido lo había confrontado con la gracia del perdón que transformó a Jean Valjean en un nuevo ser humano.

El nuevo pacto es uno en que la ley de Dios se escribe en el corazón. Se cuenta que en el tiempo en que Juan Wesley cruzaba de ciudad en ciudad a predicar el evangelio en el siglo XVIII, se encontró con un ladrón en uno de sus caminos que le pidió su dinero o la vida. Wesley le entregó lo que tenía y le dijo unas palabras: "La sangre de Jesucristo nos limpia de todo pecado". Muchos años después, Wesley predicaba en un pueblo cercano. Un hombre acomodado se le acercó y le confesó que él le había robado hacía muchos años atrás, pero se había convertido al Señor y quería devolverle el dinero. Wesley lo reconoció y le preguntó sobre su conversión. El hombre le habló sobre cómo esas breves palabras de Wesley fueron penetrando su corazón hasta convertirlo en otro hombre.

Hoy necesitamos que nuestras vidas se hagan sensibles a la acción del Espíritu de Dios y permitir que Dios escriba su palabra en nuestro ser interior, para que podamos servir a Dios de corazón.

Haga un resumen de la lección

En esta lección hemos meditado sobre la imagen del nuevo pacto entre el Señor y nosotros. Dios quiere venir a nuestra vida, familia, iglesia y sociedad. Dios quiere tener una intensa y sólida relación con cada persona. Esa relación es el nuevo pacto, en la que Dios escribirá su palabra en nuestro interior, perdonará nuestros pecados y nos dejará conocer su presencia. Todo esto es una realidad presente en la muerte, resurrección de Jesucristo; y en la presencia del Espíritu de Dios, que nos acompaña.

Oración

Escribe, oh Dios tu ley en nuestros corazones. Permítenos servirte de corazón. Guía nuestra vida con tu Espíritu. Permite que tu nombre sea glorificado por medio de tu pueblo. Mira a Cristo en cada uno de tus hijos e hijas. Mira la cruz y la resurrección en nosotros. Permítenos beneficiarnos de este nuevo pacto hecho en la cruz y en la resurrección. Por Jesús. Amén.

Lecturas bíblicas diarias

13 de noviembre: El poder asombroso de Dios. Salmo 66:1-4
14 de noviembre: Las bendiciones del pacto. Mateo 5:1-12
15 de noviembre: Guarde el pacto con Dios. Deuteronomio 4:21-24
16 de noviembre: Alabe a Dios por la oración contestada.
Salmo 66:16-20
17 de noviembre: Un sacrificio permanente por el pecado.
Hebreos 10:11-18
18 de noviembre: Mediador de un nuevo pacto. Hebreos 9:11-15
19 de noviembre: Recibamos al reino indestructible.
Hebreos 12:14-15,18-29

Unidad 3: Un pacto eterno

Nuestra relación con Dios

Propósito

El propósito de esta lección es reflexionar en cómo viviremos nuestra relación con Dios en el mundo. Es a través de nuestra conducta con los demás que se afirma o se niega nuestra relación con Dios. ¿Es nuestra vida diaria un intento de agradar a Dios? ¿Servimos a Dios con temor y reverencia de manera que se manifieste en nuestra conducta nuestro pacto con el Señor? La lección nos invita a meditar en la calidad de nuestra vida como un testimonio del pacto eterno para entrar al reino inconmovible al cual Dios nos ha invitado.

Texto bíblico:
Hebreos 12:14-15, 18-29

Trasfondo bíblico:
Hebreos 12:14-15, 18-29; Salmo 66

Versículo clave: *Así que, recibiendo nosotros un Reino inconmovible, tengamos gratitud, y mediante ella sirvamos a Dios agradándole con temor y reverencia, porque nuestro Dios es fuego consumidor.* **(Hebreos 12:28-29)**

Introduzca la lección

Hebreos es un documento único en el Nuevo Testamento. No es una carta ni fue escrita por Pablo, pero la iglesia sintió que su mensaje era verdaderamente apostólico. Hoy nos invita al cuidado de nuestra relación con Dios.

Comience la clase con oración. Lea Hebreos 12. Pregunte a la clase:

- ¿Qué palabras de este pasaje le llaman la atención? ¿Por qué?

Hebreos 12 está escrito en forma de un consejo ético de cómo debe ser la vida de aquellas personas que sirven a Dios. Considere y discuta las siguientes preguntas:

- ¿Qué estaba pasando en el contexto original de Hebreos 12?
- ¿Cuál era la tentación que sufría la comunidad judeocristiana luego de la destrucción del templo de Jerusalén?
- ¿Cómo eran presionados para que abandonaran su relación con Dios a través de Jesucristo?
- ¿Qué les aconseja el autor de Hebreos? ¿Cómo deben vivir ahora que sufren marginación de los judíos y son cuestionados en cuanto a su servicio a Dios?

Examine la Escritura

Hebreos es un sermón que concluye en forma de carta (Hebreos 13:22). El capítulo 12 incluye una lista de consejos morales a la comunidad. Hebreos se escribió en algún momento alrededor del año 70 de la era cristiana. En Hebreos 2:3 se plantea que la comunidad es una segunda generación luego del ministerio de Jesús.

El año 70 fue el año en que Roma destruyó a Jerusalén. El judaísmo comenzó a cerrarse contra todo grupo disidente del fariseísmo, que vino a ocupar la posición dominante en dicho período. Los fariseos declararon a los judeocristianos, heterodoxos (*haminin*, esto es, após- tatas). La acción de la sinagoga se narra en la literatura cristiana del período (Juan 9:22; 12:42; Mateo 23). Los judeocristianos fueron ex- pulsados de la sinagoga y marginados de la comunidad judía. Hebreos reconoce esta situación (Hebreos 5:11; 6:12). Los cristianos con raíces judías han comenzado a rezagarse en la fe (Hebreos 10:24-25). Parece que un grupo de la comunidad está a punto de separarse (Hebreos 10:26-31; 12:15-17).

El pleito con la sinagoga tenía que ver con la pureza. El sistema de pureza del judaísmo era a través de su templo, del sacerdocio y de los sacrificios. Después de la destrucción de Jerusalén, los cristianos judíos fueron empujados a regresar a la sinagoga y a abandonar la fe en Jesús. Para los judíos que antagonizaban a los judeocristianos, el cristianismo no ofrecía un sistema de pureza que pudiera santificar a los creyentes.

Este conflicto es lo que contesta este documento. Hebreos 8:2 explica que la fe cristiana tiene un templo celestial superior al santuario del pacto que tenía Israel con el Señor (9:1-4). Los judeocristianos tienen un mejor sacerdote que los que tenía Israel en el tabernáculo (no se menciona el templo) (3:1). Cristo es un sacerdote superior al sacerdocio levítico, porque aquellos entraban al tabernáculo de Israel, pero Cristo ha entrado en el cielo (4:14). Una lectura al Salmo 110 le dejaría constatar a los judeocristianos que Dios había anunciado un nuevo y superior sacerdocio, el de Melquisedec (5:6ss). Hebreos presenta el sacrificio de Cristo mismo en la cruz (9:23-28) como aquel que santifica para siempre a las personas que creen (13:12).

Los que se mantienen en la fe van caminando hacia el santuario celestial desde este mundo con todas sus penurias y dificultades (3:7-19; 10: 36-39). Los creyentes judíos son desafiados a tener certeza en lo que Cristo ha significado y a seguir a quienes, aunque no vieron las promesas cumplidas, tuvieron fe (11:1ss).

El peligro que sufre la comunidad es el de rezagarse, romper con Cristo, apostatar. Es en esa coyuntura que Hebreos 12 presenta una serie de consejos para poder heredar el reino inconmovible. Primero que nada, hay que buscar la paz con todos y la santidad. El verbo que nuestro pasaje traduce como "seguir" en griego es buscar, perseguir, esforzarse por llegar a la meta. El concepto santidad implica separarse de la vida común para el servicio a Dios. La idea es que haya una consagración y una dedicación absoluta a Dios. Los próximos versos explicarán qué conducta muestra la búsqueda de la paz y la santidad. No obstante, la santidad es algo que tiene que ver con la relación con Cristo Jesús. En 13:12 se hace claro que Jesús murió en la cruz para santificar a su pueblo. Romper con la fe en Jesús es romper con la santidad.

vv. 18-29: Explican la razón para buscar la paz y la santidad. La comunidad se ha acercado al Monte de Sión celestial. Se contrasta el Monte Sión celestial con la revelación a Israel en Éxodo 19. Esta ciudad celestial es la ciudad del Dios vivo donde está la corte celestial con miríada de ángeles. La asamblea de los primogénitos de Dios es una metáfora para hablar de la comunidad de los fieles. En la literatura apocalíptica judía este lenguaje se refería a los fieles que habían muerto previamente. La comunidad se ha acercado a Jesús el mediador del nuevo pacto (8:6). Este pacto es superior al antiguo pacto, porque ha sido rociado con la sangre de Cristo en la cruz, que habla mejor que la sangre de Abel (9:13-14).

Como la comunidad de Israel en el desierto, que no escuchó al Señor y perecieron, la comunidad podría no escuchar al que les habla desde el cielo. Utilizando a Hageo 2:6-7, se explica el juicio de Dios. En el Sinaí, Dios conmovió la tierra; ahora en Cristo Jesús, Dios se propone sacudir los cielos. En este juicio divino serán conmovidas las cosas movibles, esto es, el templo, el sacerdocio, los sacrificios que llevaba a cabo Israel. Así que hay que tener cuidado con volver a la sinagoga y apartarse de la fe en Cristo Jesús. Solo quedarán ante Dios las cosas inconmovibles, el reino inconmovible. Ese era el desafío de la comunidad: permanecer a través del juicio divino y heredar el reino inconmovible. Frente a esa promesa del reino inconmovible, la comunidad debe conducir su vida con gratitud y servir a Dios con temor y reverencia. La alternativa al reino inconmovible es encontrar a Dios como fuego consumidor (Hebreos 10:27; 12:29).

Aplique la lección

En esta lección estamos abordando el tema de la relación con el Señor. Invite a la clase a reflexionar en lo siguiente:

- ¿Cómo debe ser nuestra relación con Dios y con el prójimo? ¿Cómo es? ¿Qué podemos hacer para cultivar nuestra relación con Dios?

Estas preguntas presentan los asuntos fundamentales de la fe cristiana. Para tener una vida consagrada al Señor, Hebreos 12 invita a buscar la paz y la santidad. La búsqueda es una metáfora grata. Implica que es un proceso que nunca acaba, pero sobre el que hay que trabajar a diario.

Sadhu Sundar Singh fue un místico cristiano hindú de principios del siglo XX. Fue un modelo de la búsqueda de la paz. Singh tuvo una vida turbulenta. Cuando tenía catorce años su madre murió. Estudiaba en una escuela cristiana, pero la muerte de su madre le provocó una gran rebeldía contra el cristianismo. Así se convirtió en un perseguidor de los misioneros cristianos que habían llegado a la India. En medio de su zozobra, pensó quitarse la vida. En su angustia, oró para que Dios, si existía, se le revelara. Se le apareció la figura del Señor Jesús con un rostro de gloria y amor. Cristo le dijo: "He venido a salvarte." Cuenta que de su relación con Cristo recibió una paz que no había logrado obtener en ninguna otra parte.

La vida cristiana es una búsqueda de paz con Dios que se lanza a la búsqueda de la paz con los otros seres humanos. La paz no es la ausencia de conflicto. Es el producto de la justicia y la bondad de Dios en el mundo. Hoy necesitamos personas fieles que busquen la paz con Dios y construyan un mundo donde cesen las guerras, la violencia social y la violencia interpersonal. De cara a los muros que se construyen en nuestro mundo, hace falta una fe que construya puentes de entendimiento y paz. Preguntémonos si somos agentes de paz y reconciliación o agentes de separación humana.

El segundo consejo para la vida cristiana es la santidad. El Rdo. Miguel Limardo, ministro de la Iglesia Evangélica Unida de Puerto Rico, contaba de una persona que iba a la iglesia con un halo y se lo ponía en la cabeza. Se arrodillaba a orar y se ponía el halo. Los pastores se fijaron en aquella conducta tan extraña y le preguntaron qué era aquel objeto que se ponía en la cabeza. La persona contestó que eso era la santidad; en realidad era santurronería. La santidad verdadera es aquella relación del ser humano con Jesucristo que lo conduce a un proceso de transformación para la mayor gloria de Dios.

Un niño que visitaba una catedral con muchos vitrales comprendió lo que era la santidad. Le preguntó a su mamá quiénes eran los personajes en los vitrales. Ella le contestó que uno era san Pedro, otro era san Pablo y finalmente el último era san Juan. El niño dio un suspiro de satisfacción y exclamó: "Ya sé lo que es un santo. Un santo es una persona a través de la cual brilla la luz del cielo". Hoy día necesitamos una iglesia en que las personas dejen que Dios se transparente en sus vidas, familias, comunidades de fe y en la sociedad. La santidad no es solo una transformación individual, sino que se convierte en una acción de Dios para la sociedad.

Nicolás Ludwig Zinzendorf, el padre de la tradición morava del siglo XVIII, visitó un museo donde vio una pintura de Cristo crucificado y coronado de espinas. Sintió que Cristo le decía: "Todo esto he hecho por ti. Y tú, ¿qué has hecho por mí?". Luego de meditar un rato en aquella imagen y aquel mensaje, decidió consagrar su vida al servicio de Dios.

Hoy nos hemos acercado a la cruz, al Monte de Sión celestial y al Reino inconmovible a través de la cruz del Calvario. Lo que Dios ha hecho a favor nuestro requiere que respondamos. ¿Qué haremos? Hebreos nos invita a buscar la paz y la santidad. Y esto es nuestro desafío. Meditemos en si estamos dispuestos a consagrarnos con el Señor y buscar la paz.

Haga un resumen de la lección

En esta lección hemos meditado en nuestra relación con Dios en la persona de Jesucristo. Una relación de nuevo pacto con Dios en la persona de Jesucristo nos convida a la salvación en un reino inconmovible. Si la Biblia nos ha mostrado una serie de imágenes del pacto con Dios, en Cristo Jesús se nos muestra una imagen de la entrada en la mismísima presencia de Dios. Entrar a dicha presencia requiere un estilo de vida en el presente. Nuestra intención es meditar en cómo mejorar nuestra relación con el Señor de manera que la paz y la santidad sean marcas en nuestra vida.

Oración

Te ofrecemos, oh Dios, nuestras vidas para tu servicio. Permite que en todas nuestras obras logremos agradarte. Te damos gracias por tu dirección y bendición sobre nuestras tareas de este día. Ayúdanos a vivir en ti, para ti y para tu gloria. Ayúdanos a ser un pueblo que persigue la paz y la santidad. Por Jesucristo, nuestro Señor. Amén.

Lecturas bíblicas diarias

20 de noviembre: Cristo, el creador, el salvador, el que hace la paz.
Colosenses 1:9-20
21 de noviembre: Preparación para la Cena del Señor.
1 Corintios 11:17-22
22 de noviembre: Guardemos la fe recibida. Judas 1-4, 17-25
23 de noviembre: Preparación para la Pascua. Marcos 14:12-16
24 de noviembre: Jesús consagra el pan y la copa. Marcos 14:22-25
25 de noviembre: Adoración espiritual. Romanos 12:1-8
26 de noviembre: Observemos la Cena del Señor.
1 Corintios 11:23-34

En memoria de mí

Propósito

El propósito de esta lección es abordar el tema de la Cena del Señor como un memorial del pacto con Dios y con las personas que percibimos como personas diferentes a nosotros. La Cena del Señor es un banquete de hospitalidad. Jesús explica que su muerte no es una mera ejecución llevada a cabo por los poderes del mal, sino que trasciende dicha violencia para convertirse en un memorial de la muerte del Señor por nosotros. Si la mesa es de gracia, entonces es una mesa que nos invita a incluir a todas las personas que corrientemente excluimos, pero que ahora viven bajo la gracia del nuevo pacto.

Texto bíblico:
1 Corintios 11:23-34

Trasfondo bíblico:
1 Corintios 11; Judas 3

Versículo clave: *Asimismo tomó también la copa, después de haber cenado, diciendo: «Esta copa es el nuevo pacto en mi sangre; haced esto todas las veces que la bebáis, en memoria de mí.»*
(1 Corintios 11:25)

Introduzca la lección

Lea 1 Corintios 11:17-34 desde el principio. Anote los conceptos que apelen a su mente y corazón como objetos de reflexión. Le recomiendo leer las otras versiones de la Cena del Señor en Mateo 26:26-29; Marcos 14:22-25; Lucas 22:14-20; Juan 6:35-58. Mire los parecidos y las diferencias en los relatos. Esto te podría ayudar a ampliar la discusión en el salón de clase. Comience la clase con oración. Introduzca la lección con estas preguntas:

- ¿Qué es la Cena del Señor? ¿Qué significa la Cena del Señor para nosotros? ¿Cómo describe Pablo la Cena del Señor?
- ¿En qué sentido es la Cena del Señor un pacto entre Dios y nosotros? *el mismo antiguo pero ajustado*
- ¿Qué significa comer y beber indignamente, no discernir el *a* cuerpo? *la cena*

Haga un resumen de las ideas discutidas en la clase y concluya leyendo juntos la oración impresa al final.

Examine la Escritura

Nuestro pasaje se encuentra en 1 Corintios, una de las cartas de Pablo a sus comunidades. Corinto fue uno de los primeros lugares en que comenzó la misión de la iglesia en Europa. De acuerdo al libro de Hechos, Pablo llegó a Corinto alrededor del año 52, cuando era procónsul de Corinto, Galión. Hay una tarja arqueológica fechada en agosto del año 52 que confirma la información de Hechos 18:12. Pablo escribió varias cartas a la congregación de Corinto que nos dejan ver cómo eran las comunidades paulinas y qué problemas tenían. En esta lección se discute el problema de la división de clases entre los corintios en la Cena del Señor.

v. 17: Pablo señala el problema: la Cena del Señor se había convertido en un banquete en que los ricos avergonzaban y discriminaban a los pobres, que se quedaban excluidos de la mesa. La Cena del Señor en sus inicios era un banquete tal como los explican los evangelios. En los relatos en que Jesús fue invitado a comer en alguna casa, en los milagros de la multiplicación de los panes y los peces, en la versión de la cena en los evangelios se está describiendo un banquete. En Corinto los ricos comían y bebían, y los pobres se quedaban con hambre. Pablo alega que esta conducta de comer unos y quedarse otros excluidos no era la Cena del Señor. La Cena del Señor era un banquete en que Jesús incluía a todas las personas (Marcos 6:31-44).

v. 23: Presenta el recuento de la Cena como algo que Pablo recibió del Señor. El concepto "recibir de" es una fórmula para describir una tradición que fue legada a través de muchos maestros y maestras de la comunidad. Esto nos deja saber que lo que Pablo va a explicar es previo al apóstol. Es una cita que empieza con una palabra que lo indica: "que". Pablo contará un evento en la noche en que Jesús fue entregado a las autoridades. Pablo cuenta el evento desde la perspectiva de la resurrección. Es el Señor el que fue entregado. En griego el concepto también podría significar "traicionado". La Cena del Señor se presenta en forma ritual: (1) Jesús tomó el pan, (2) dio gracias, (3) lo partió, (4) y dijo. En esta sección se explica el significado del partimiento del pan. Luego se repite el ritual con la copa: (5) tomó la copa, (6) las palabras que explican la copa.

A continuación, Pablo explica la cena del Señor como (7) la forma de anunciar la muerte del Señor, (8) hasta que él venga; esto es, se relaciona con los eventos del fin de los tiempos. Luego vienen las consecuencias del banquete: (9) comer el pan y beber la copa indignamente. Esto hay que relacionarlo con lo que hacían los ricos en Corinto, que dejaban a los pobres fuera del banquete. La discriminación contra los pobres es una nueva forma de volver a traicionar a Jesús. Las personas que discriminan a los pobres se hacen culpables de la sangre y el cuerpo del Señor. Cuando la Cena se trata como si fuera el banquete que una persona celebra en su casa y nos olvidamos que éste es el banquete del Señor, no discernimos que somos parte de un cuerpo (1 Corintios 10:17; 12:12).

En términos de las palabras de la institución, Pablo presenta la Cena del Señor como un memorial. Un memorial es una actividad en la que las personas regresan al evento narrado nuevamente. El pan se explica como el cuerpo del Señor. El pan y la copa nombran el cuerpo y la sangre de Cristo. Esto ha dado paso a toda la teología sacramental posterior, que podemos o no seguir. Lo importante es comprender que regresamos a la presencia real del Señor en su banquete con nosotros.

v. 25: Señala la copa como "el nuevo pacto en mi sangre". El banquete del Señor es un ritual en el cual se pone en vigor esta relación del tiempo del fin entre Dios y su pueblo por la muerte y resurrección de nuestro Señor Jesucristo. La comunidad tiene el deber de discernir y meditar todos estos conceptos de la Cena del Señor para que la Cena no se convierta en un evento de juicio escatológico. Con esto, Pablo nos deja ver cuán serio fue para él este discriminación contra los empobrecidos en Corinto. No discernir que eran el cuerpo de Cristo convirtió la mesa del Señor en una mesa de juicio. El remedio para esta mesa de juicio es la mesa de la inclusión y la solidaridad, esto es: "esperaos unos a otros". En esta celebración del nuevo pacto, hay una dimensión vertical: Dios ha hecho por nosotros y nosotros nos debemos al Señor. Igualmente, tiene una dimensión horizontal que empieza con la comunidad de fe. Somos una comunidad alternativa, solidaria, inclusiva, donde encarnamos la presencia de Cristo en el mundo. ¿Entendemos esto claramente? Este es nuestro desafío hoy.

Aplique la lección

La Cena del Señor como memorial es el motivo de nuestra reflexión. ¿Qué significados tiene la Cena hoy? ¿Qué celebramos? ¿A qué nos llama la mesa del Señor? Una mirada a los evangelios y a 1 Corintios 11:23-34 nos da pistas del mensaje de Dios que se encierra en el banquete cristiano.

Los evangelios nos recuerdan los banquetes de Jesús desde distintas perspectivas. Marcos nos narra que Jesús fue motivo de señalamiento por comer con pecadores (Marcos 2:16). Para el judaísmo y la tradición bíblica en una mesa la gente entraba en comunión sagrada con las personas que compartía. Así que, cuando Jesús come con personas pecadoras anuncia el perdón y la misericordia divina en el mundo. Podemos inferir de estos pasajes que la Cena del Señor no es lugar de discriminar entre pecadores. Al contrario, es la mesa de la reconciliación con Dios.

1 Corintios 6:17 y 10:17 presentan una confesión de fe en la que todos los miembros de la comunidad se han hecho un solo espíritu con el Señor en el bautismo cristiano. La comunidad se confiesa como un solo cuerpo en el Señor. En la práctica diaria era otra la situación. Había una división de la comunidad en términos de los recursos y el honor entre ricos y empobrecidos. Se manifestaba esa división en que en la Cena del Señor, los ricos comían y bebían, mientras que los pobres se quedaban con hambre. Por eso Pablo señala que lo que celebran no es la Cena del Señor. Es la cena de los ricos y la discriminación ¿A quiénes discriminamos hoy?

La película *En un lugar en el corazón* presenta una estampa de la solidaridad humana que debe haber en la Cena del Señor. Es la historia de una familia en el sur de los Estados Unidos en la depresión de 1930. Un negro bajo los efectos del licor mata al padre de la familia.

La comunidad ha linchado al negro sin ninguna compasión. La viuda se queda con la casa y la finca, pero al borde de perderlo todo. El banco del área quiere expropiar la propiedad a la mujer porque no puede pagar la deuda hipotecaria. Una noche llega al hogar de la viuda otro negro de nombre Moisés. Éste solicita un empleo en la finca. La viuda no le queda más remedio que emplearlo a pesar de la segregación, el racismo y la división hombre/mujer en esa era.

Moisés ayuda a sembrar la finca. Luego le ayuda a recoger la cosecha y salir de la crisis económica. La viuda, Edna, tiene que pagar el banco, porque le han amenazado con quitarle las tierras. Edna le pide a Moisés que le ayude a conseguir empleados en la comunidad negra. La necesidad hace que Edna, una mujer blanca, tenga que derrumbar sus muros de segregación para poder sobrevivir. Moisés va a la comunidad negra y trae un contingente de personas a trabajar en la finca. La película plantea el dilema del racismo sureño, la discriminación de los blancos contra los negros, que están salvando a Edna y su familia, que es una mujer blanca. La solidaridad de la comunidad negra es la salvación de Edna y su familia.

La película termina con una escena en la Cena del Señor en el culto dominical en la capilla de la finca. De forma imaginaria está Edna, el difunto, el que le mató, Moisés, los negros que se unieron a la finca, en la Cena del Señor. Todos se pasan el pan y la copa del Señor, y se dan el saludo de la paz. Por eso es que es un lugar en el corazón, porque la mesa del Señor establece la igualdad entre aquella blanca y aquellos negros, entre el marido asesinado por un joven negro, y el asesino mismo. La trama presenta cómo Cristo había igualado en su mesa a negros y blancos, mujeres y hombres, pobres y personas que habían tenido recursos, de manera que todas las personas que integran esa comunidad se reparten el pan en forma de comunión religiosa y comunión humana. La mesa del Señor había acabado con la segregación, con la separación de mujer contra hombre, de la enemistad entre el marido blanco y el joven negro que le había matado. En Cristo Jesús todos eran un solo cuerpo.

- ¿Quiénes son las personas marginadas en nuestra mesa? ¿A quiénes consideramos indignos?
- ¿Qué tiene que suceder en la mesa del Señor para que se manifieste el pacto?

- ¿Cómo podremos hacer que la Cena del Señor nos convierta en un solo cuerpo en Cristo Jesús? (Gálatas 3:27, Filemón 1:16).

Haga un resumen de la lección

En esta lección nos hemos acercado a la Cena del Señor. La Cena nos invita al nuevo pacto con Dios. Es también una cena que nos constituye en el cuerpo de Cristo en el mundo. Discernir ese cuerpo es acabar con toda forma de discriminación y marginación dentro de la comunidad del pacto.

Ha sido un placer acompañarles en estas clases durante este trimestre. Espero que hayan sido de bendición en sus vidas.

Oración

Dios que nos has hecho un solo cuerpo en Cristo Jesús, ayúdanos a hacer nuestra la causa de las personas oprimidas, la viuda, el huérfano y el extranjero. Haz de nuestro ministerio la conversión del opresor. Que cese el racismo, el clasismo y la discriminación de género hasta que experimentemos la plenitud de tu perfecta voluntad en un solo cuerpo en Cristo Jesús. Amén.

Lecturas bíblicas diarias

27 de noviembre: Refugio en el Señor. Salmo 118:1-9
28 de noviembre: El Señor es mi fuerza y salvación.
Salmo 118:10-14
29 de noviembre: Una bendición prometida a todos los pueblos.
Hechos 3:22-26
30 de noviembre: Tu fe te ha salvado. Lucas 7:44-50
1 de diciembre: Respuestas contrastantes de judíos y gentiles.
Hechos 13:44-49
2 de diciembre: El cojo que pedía limosna. Hechos 3:1-10
3 de diciembre: Arrepentirse y creer en Jesús. Hechos 3:11-21

CPSIA information can be obtained
at www.ICGtesting.com
Printed in the USA
LVOW10s0246170617
538437LV00004B/5/P